U0085402

國際投資之技術移轉

鍾瑞江 著

三民書局印行

自　序

　　國外先進技術之移轉，不僅可促進經濟之發展，對於提昇國內之研究、發展能力亦大有裨益。近幾十年來，由於不斷地引進技術，對於我國之經濟發展可說有著莫大的貢獻；但是亦有許多失敗之例子，甚至造成技術發展之停滯與落後，嚴重阻礙經濟發展及消費者的權益。往後在國際經濟舞臺上，我國已不再有低廉的勞工，以為市場競爭之利器，因此唯有以工業升級，資本密集之方式，才可占有國際市場之一席之地。

　　因此，提昇本身之技術能力，及加速引進先進技術，以促進研究發展，如此才能使工業升級，及充分有效地利用密集的資本。另方面，產業界本身，亦須有國際性與前瞻性的眼光，不可汲汲於短期之市場利益，應重視研究發展，技術移轉之充分、完整及吸收應用；而在政府方面，應加強擬定工業升級、產業發展之策略，如高科技及高附加價值產業之輔導等，更須多方蒐集先進技術之相關資料，制定法律規範，一則以輔導產業界，另者以妥善管理技術移轉。如此政府與產業界相輔相成，才能為我國邁向廿一世紀之經濟發展，譜出美好的樂章。

　　作者於赴美留學期間，有幸接受前聯合國跨國公司委員會美國代表，Seymour J. Rubin 教授，及國際技術移轉名律師，Isidoro Hajdenberg 教授之指導，進行有關國際技術移轉問題之研究，兩位恩師不僅在學術及實務上，對作者多所指益，並使作者得以接觸瞭解聯合國有關之政策資料，對於研究工作更是多所助益，謹在此致上最高之敬意與謝忱。

而本書之完成，得力於許多好友之提供資料，如巴拿馬律師 Roger 及 Rosa Restrepo-Pinilla，法國律師 Cristina Somalo，美國律師 Carlos H. Robles，泰國律師 Chakorn Pichaiwongse 及 Orapin Jirachananont，及日本的 Tatsuhito Ozawa 先生，在此也謝謝他們的鼎力相助。

另外，本書之能順利出版，實蒙三民書局之厚愛，在此謹申十二萬分之謝意。

惟作者才疏學淺，而國際技術移轉之問題更是諸多牽連，因此疏漏之處，在所難免，尚祈各方先進，不吝賜正。

鍾瑞江　序於臺北

國際投資之技術移轉　目　次

緒　　論

　　由於工業與科技在近幾十年的高度發展，不僅提昇了人類的生活水準，更拉近了彼此間的距離。而透過國際合作的方式，不僅已開發國家爲其先進的科學技術，找到了市場；開發中國家也因技術之輸入，一方面得以充分開發其豐富的人力、資源，一方面也相對的提昇其科技研究、發展之層次，帶動了整體經濟的成長。另方面也因國際間這種和平的競爭與合作的關係，使世界在社會及經濟關係上日趨和諧與進步。

　　中華民國這四十年在臺灣的經濟成就，國際性的技術合作與開發，亦扮演了相當重要的角色。尤其臺灣在相當缺乏自然資源的情況下，技術之引進及自行開發，更有其絕對之必要性。而在高科技之發展上，除自行研究開發外，若能透過國際分工、技術合作之方式，不僅可以減少不必要之人力、財力之浪費，更能加速提昇技術層次，分享先進國家之成果。但是，邇來先進國家，有感於技術開發之不易，及愈來愈多之開發中國家，尤其太平洋盆地之新興工業國家之強烈競爭，瓜分了相當程度之市場，因此對各類技術之輸出與保護，已有日愈嚴密之趨勢；尤其在高科技之電腦及其週邊產品方面，由於生命週期特別短，一旦新產品開發完成，無不殫精竭力維護那最重要精密之部份，或透過各種方式，

如銷售區域、價錢……等之控制，以確保其利益。國內產業在無法避免與先進技術結合下，唯有在選擇合作對象上做考慮，尤其對合約之內容，更應有充分之瞭解，避免受文字遊戲之牽制，最好是本身有自行草擬合約之能力，如此在討價還價（Bargain Power）上才有游刃之餘地。

而我國除了是技術輸入國外，近幾年來，挾著高度之經濟成長及充沛之資金，已有相當多的產業向海外尋求合作對象，而變成技術輸出國。在此情況下，其身分角色之扮演則易客為主。當然在目前此類之輸出，多半是低層次（Low End）技術，但可預見的是愈來愈多的更高層次之技術，因為種種因素的考慮，將相繼輸出，如今應開始未雨綢繆，審慎考慮防堵尖端、精密科技之外洩，而在合約的簽定上儘量增加保護、限制的條款；另方面，政府則更應突破外交困境，尋求參與國際上各類多邊組織，尤其是有關智慧財產權保護之組織，以確保國人技術發展之權益。

本書以七個章節，分別以技術輸出、輸入國，雙方面的角色來談技術移轉上可能遇上之問題及限制；並分別就國際組織、已開發國家、開發中國家對技術移轉之觀點、作法及現況提出說明；而最重要的，也是本書所佔篇幅最多的一部分，就是關於「技術移轉合約」所涵蓋的內容、條款，加以解析，並將其列出檢核表，提供做為草擬合約或談判時之依據，以逐項條列方式，讓讀者能充分且清晰明瞭合約中應增列什麼或漏列什麼，以求最完善之規範及保障。

第一章〈技術移轉之意義及目的〉，分別就「技術」之意義、涵蓋之範圍加以解說，並就輸出國、輸入國談技術移轉之目的及與其他相關方式，如合資企業之異同提出比較，也是就本書其他章節，提出簡扼之說明。

第二章〈技術移轉之現況〉，首先就聯合國貿易及發展會議，對國際間科技移轉之觀點及規範加以說明；其次則從美國、日本、歐洲等先進國家對技術移轉之做法及現今所做之保護加以解析，並對技術輸出對其國內產業之影響提出分析；另外在第三節則對開發中國家（多半是技術輸入國）技術移轉之法律現況提供讀者參考。在本節中亦分別就東歐共黨國家匈牙利及中國大陸之情形特別加以敍述，此乃因爲東歐共黨政權之瓦解，帶給了我國更多投資機會；而中國大陸部分，則因政府對於赴大陸間接貿易及投資之開放，國人更應有心理建設，以免冒然躁進，而蒙損失。

第三章〈技術移轉合約〉，也是本書最重要之部分，從簽約前對象之選擇及各項準備動作談起；其次則是合約內容中雙方當事人之權利、義務之關係，及有關爭議時法律適用、爭端解決方式運用等，逐條、逐項加以剖析，並提供參考條款，以俾選擇適用；最後一節則將合約應該規範之事項，加以歸納成項，以條列式之短句，提綱挈領的表示出來，讓讀者一目瞭然合約之格式及注意事項。

第四章〈政府在技術移轉之功能〉，則就輸入國政府在技術移轉中所應扮演的角色及發揮的功能予以闡釋；分別就獎勵促進及規範制度兩方面加以探討，期望輸入國政府以良好的媒介身分，提供企業完善的技術合作環境，如此不僅有助於國內科技之提昇，更可帶動經濟繁榮成長。

第五章〈技術移轉與出口管制〉，國際間有一非正式的「多邊出口管制協定」，而美國更有嚴密的出口管制法令，我國技術移轉之合作對象，或外銷輸出地區，亦多與這些國家有密切關係，因此有關出口管制規範亦不能不查。

第六章〈技術移轉與反托拉斯(Anti-trust)〉，有關反托拉斯之規定可說以美國及歐洲共同市場最爲完備，而我國多數企業，尤其高科技

產業亦與這些國家有極深的關連；　尤其面對一九九二歐市大同盟的來臨，在市場更加開放整合之下，國內企業與國外大型企業集團合作之機會更加擴大，此時，有關反托拉斯壟斷之問題更應有所明瞭，以免造成不必要的損失。

　　第七章，也是本書最後一章：〈技術移轉與水貨市場(Gray Market)〉不論是技術輸出國或輸入國都對其極感棘手，尤其在各國規範難盡完善之下，更易造成企業無謂損失。本書亦將其列入探討，希望能有助於企業，面對此類問題時，提出良策；甚至在合約簽定時，就將此類問題及早排除於外。

第一章 技術移轉之意義及目的

第一節 「技術」之意義

所謂「技術」(Technology)，其意義可說非常的廣泛，而且大部分的定義都屬於抽象的、觀念的居多；但在本節中，將對「技術」二字從現實的、實用的及比較性的方式加以說明，如此也才較符合「技術移轉」之解釋。首先依據「世界智慧財產權組織」(World Intellectual Property Organization—WIPO)之解釋:「技術乃指一種有系統化的知識，其目的是爲了產品之製造、過程之應用或是提供服務」❶，另外，「聯合國工業發展組織」(United Nations Industrial Development Organization) 則謂「技術乃指爲製造某種產品，建立一個企業所必須之知識、經驗及技能(Skills)」❷，這兩個著名的世界組織，其成員

---

❶ 參World Intellectual Property Organization (WIPO), *Licensing Guide for Developing Countries*, WIPO Publication No. 620, (1977), VIII, p. 28.

❷ UNIDO, *Guidelines for the Aquisition of Foreign Technology in Developing Countries, with Special Reference to Technology Licensing Agreement*, United Nations Publication ID/78(1973), 1.

代表了幾乎世界上所有的國家，因此它們對「技術」二字所作之定義，相信亦有一較客觀之標準；至少已能為世界上多數的人所接受之共通依據。因此由上述兩種說明，可以歸納出如下的分析：

(一)技術是一種知識、經驗或技能

技術包括的可能是一種觀念上的認知，那就是「知識」；也就是一種抽象的理論的或教條式的規範，它是一種歸納性質的結晶品，它可能是指人文的或自然的知識，也可能是物質的或精神的。另外技術也可能是人類或自然界的經常的體驗或宇宙的法則。最重要的技術是一種技能，這個解釋與其後之產品製造等更有著密切的關連。

(二)技術是有系統化的

這可說就其目的而作的定義，因為唯有系統化、組織化、整合化的知識或技能，才能轉化成一種有形的產品或無形的公式或財產（如：管理技術）。

(三)技術是為了產品的生產、過程之應用或者提供服務

這三者，有的是有形的，有的是無形的；有的是中間的媒介或過程，有的卻是最終的結果或成品；有的是製造業的生產，有的卻可能是服務性質的管理。總之「技術」本身是須要賦予其功能性的，如此才能讓其達成目的。

但是技術本身並非僅如世界智慧財產權組織所言，僅是產品製造、過程應用或服務提供。因為如此之定義，可能較偏向於工商業技術之運用方面。事實上在整體的經濟上、社會上，技術之廣佈程度，可說已無所不在。但這些應用則不在本書討論之範圍，在這裏所謂技術，主要是偏向於具有商業性質的科學技術。

因此，關於具有商業特質之技術則可分為有形之財貨或技術人才，及無形的智慧財產權兩種。當然這二者之間亦存在著相當程度的充分必

要條件。依據聯合國貿易及發展會議 (United Nations Conference on Trade & Development) 之分類顯示，一般技術可能以下列三種方式而存在❸：

(1) 以資本財 (Capital Goods)或中間財 (Intermediate Goods) 存在：而這些也都是在自由市場中得以買賣之財貨，特別是與投資決策有著密切關連。

(2) 以勞工之方式存在：這是指那些具有技能或高度技能之專業勞工，能正確地使用設備或機具。

(3) 以資訊之型態而存在：這類型態的技術，有的可能流通於市場，有的則可能受專利權之保護，而以限制性條件而銷售。

而在技術移轉中，最重要的技術則可說屬於無體財產或智慧財產權及 Know-how 二者，這些都屬於工業財產，其中又以專利及商標之登記方式而將「技術」予以保護。依世界智慧財產權組織之規定：「專利指的是一種發明或創作經由政府之登記保護下，只得由專利所有人的授權，才得予以開發、製造、使用或銷售，而這種保護其法律資格之時間，通常為十五至二十年的時間。至於商標，則是一種符號或標記，而此符號或標記，則可能由一個或數個字詞、字母、數字、圖案或圖畫所組成；通常，商標須經登記才受保護，且須有使用之事實，才能保有該商標登記之權，並以之對抗第三人；至於商標登記受保護之期限，並無一定之年限，但通常須每五年或十年，且仍持續使用之情形下，予以更

---

❸ United Nations Conference on Trade & Development (UNCTAD), *Guidelines for the Study of the Transfer of Technology to Developing Countries*, United Nations Publication TD/13/AC. 11/9 (1973) p. 5.

新註册登記。」❹

　　我國專利法第一條規定「凡新發明具有產業上利用價值者，得依本法申請專利。」同法第四十二條第一項則規定「專利權爲專利權人專有製造、販賣或使用其發明之權。」另外商標法第四條規定商標之範圍爲「商標以圖樣爲準，所用之文字、圖形、記號或其聯合式，應特別顯著……」

　　至於 Know-how，其表現之方式可爲有形財產之技術性資料或爲無形之技術性之援助或服務，通常此類無形之援助或服務，是以人爲之方式提供，但在今日科技發達之情形下，亦逐漸擴展至以機械器具來提供，尤其在電腦化的時代，愈來愈多之技術都可由電腦來完成，甚至以電子媒體（Electronic Media）之方式而完成於無形之中。當它用於製造產品時則往往可以達成降低成本，增加銷售與利潤之目的；因此它可說一種知識或經驗累積，但卻並非一定是有系統化的表徵，它往往僅是人類心靈智慧的昇華表現，所以有時也很難予以物態的呈現，因此也就很難給與有效的保護規範。由此可知所謂 Know-how，基本上應符合：a.技術上之知識或經驗；b.已應用或可應用於工業，且須實際上非僅理論上之觀念；c.必須是秘密的，且所有者有意保有該秘密之性質，而不願公諸於世，因此專利權則不屬於此範圍。至於對 Know-how 加以定義，並已可以廣爲接受者首推國際商會（International Chamber of Commerce）：「工業上之 Know-how 指的是應用的科技知識、方法，對達到或完成服務工業爲目的之實用技術是必要的因素。」❺

　　技術固有多種之定義，或多樣態之方式存在，在技術移轉的過程中，

---

❹　參❶ p. 27。

❺　Statement of the Executive Committee of the ICC, at 98.

則往往是以「組合技術」(Composite Technology) 之方式，同時或伴隨的移轉。例如：在設立一個工廠時，往往牽涉著建築設計、設備安裝、機具使用等，再結合著特定程序及製造技術，而這其中有的可能是有專利權，有的可能是 Know-how 之移轉。總之，一個技術移轉往往包含著數種不同型態之知識及專業技能。當然，有時亦僅是單一技術之移轉；而在此情況下，通常是基於技術保護之原則，也就是技術輸出者，將其最重要之部分（Key Component）保留，或要求技術輸入者，向其購買該產品或技術，這在競爭激烈之高科技產業，更是常見。

「組合技術」或稱作「成套技術」(Package Technology)，指的是多種技術之結合而成單一整體之技術；也就是一種技術之能充分發揮其功能，往往需用其他相關技術之配合，或其他次級技術相加相乘。例如：A 軟體之能開發完成，可能需懂得應用 B、C、D 之軟體，若該B、C、D 軟體未能同時授權，則雖有 A 軟體之許可授權，仍無法達成目的。再如 α 軟體之能發揮功能，必須結合著 β 硬體之使用，若 β 硬體，無法自行開發，或無其他來源，則卽使將 α 軟體移轉授權，也無濟於事。同樣的，在很多工業生產中，需要其他相關之媒介 (Intermediate) 之運用，若該媒介物不同時移轉其技術時，也將無法生產、製造。另外還有一種組合方式是「技術」與「Know-how」之結合方式。總之這種垂直級層，水平相連之結合，可說是最複雜之技術。

第二節　技術移轉之特質

從人、地、時、事、物五個方面來看，技術移轉具有下列五個特質：（一）跨國界的移轉，（二）技術移轉是輸出者與輸入者間的交易，（三)知識、技能之傳承，（四)一定時間之合作關係，（五)爲授權生產、

銷售某種產品或服務。

(一)跨國界的移轉

技術移轉以區域來說，指的是自一國移轉至他國；而一般跨國界的移轉，指的多是自已開發國家 (Developed Countries) 或工業化國家 (Industrialized Countries) 向開發中國家 (Developing Countries) 移轉。在目前高度工業化的國家，如：美國、西歐，甚至日本，可說是完全之技術輸出國。當然有部份技術移轉存在於這些工業化的國家之間，但這類的技術移轉大都是高層次科技之合作發展，其目的主要在於降低開發成本，分享開發成果，應屬技術合作之範圍，而非如已開發與開發中國家間技術移轉授受之關係。在本書中所討論的技術移轉，乃指先進國家對開發中國家間授受之部份。依據聯合國貿易暨發展會議之估計，在一九七〇年，開發中國家授予登記之專利權僅占全世界之百分之六，而由開發中國家人民所有之專利權僅占全世界之百分之一❻。而美國在過去二十年所收入之權利金 (Royalty)，超過所有權利金付出之百分之五十❼，而這些國際技術移轉之權利金，在一九七二年，有百分之八十五至百分之九十，落入多國籍企業 (Multinational Corporations) 中❽。由此可見，開發中國家如欲取得技術似乎唯有與工業化國家中那些超大型的跨國企業合作，其次則因為先進技術大都由先進

---

❻ (UNCTAD), *The Role of the Patent System in the Transfer of Technology to Developing Countries,* United Nations Publication TD/B/AC/11/19/REV. 1 (1975).

❼ (UNIDO), *Guidelines for the Acquisition of Foreign Technology in Developing Countries,* U. N., New York 1973, p. 3.

❽ (UNCTAD), *Transfer of Technology: Technological Dependence-Its Nature, Consequences & Policy Implications,* U. N. Publication TD/190 (1975).

國家所發展者居多，而這些技術是否符合開發中國家的需要？再者，這些工業化國家是否又願意將其絕對優勢拱手讓給開發中國家呢？

(二)輸出者、輸入者間之交易

技術移轉是一種一方移轉其權利、技術，他方支付權利金之契約及法律關係。這包括了技術之性質及範圍，何者須移轉？何者須被保留？及權利金之支付依據及標準如何界定？這些問題在技術移轉之談判 (Negotiation) 過程中，可說是最富爭議性之課題。尤其一方極欲擴張其市場利益又不願失去其優勢地位，而另一方則極思提昇其科技，卻又不願受限太多及付出太高之成本下，更是易見；尤其在未受專利、著作權保護之 Know-how 之移轉，更容易出問題。這時雙方須明瞭，什麼是最需爭取或保留？何者又是可以讓步或放棄？考慮之因素，依各行各業，甚至各個國家、區域，而有不同，很難有一定之標準。

至於技術移轉之當事人雙方以私人企業居多，但在非市場經濟的國家或一些特殊產業或地區，當事人亦可能為公營企業或政府機構。此外亦可能有一些研究機構或學校，將其研究、發展之技術成果，透過技術移轉之管道，予以商品化的大量生產。再如軍事單位，其研究成果，或軍事用途之科技，因具有民間或商業之應用性質，亦可能成為當事人。

(三)知識、技能之傳承

知識及技能在技術移轉之過程中，扮演著最重要的角色，因為所謂技術，如第一節中所述，基本上就是專業技能及知識。而談技術移轉，則最終之結果或目的，應該是受移轉人能充分、完全的運用或應用該項技能。因此，簡單說來就是「能力」之轉讓，而這就須要教育訓練，也就是說，透過教育訓練之方式，使得受移轉人能繼續使用該技術。而所謂技術移轉，最重要的乃在於因受移轉人得自之訓練，而能將其應用創

新。

(四)一定時間之合作關係

技術移轉契約，一般時間為五年；期滿後再視雙方之需要決定是否應予延長。而這一定時間之考慮則著眼於受讓人不願受某一移轉人，或太長時間之限制；或移轉人不願對方介入太久太深，影響其相關或未來技術之發展；或基於若合作不愉快時，雙方均得及早脫離關係；或因技術本身之生命週期（Life Cycle）之長短而定；或因租稅或政府補助（Subsidy）之考慮。不管其因素為何，有一點卻是共通的，那就是時間不得過長（如前述五年），到期後再決定是否延長，或以什麼時間最合適。

(五)授權生產、銷售產品或服務

就有形之商品而言，技術移轉之目的，乃在於透過工業化國家之技術，一方面充分利用開發中國家之人力或自然資源，提昇其價值，或轉換成具高經濟、社會、科技功能之商品銷售，獲取利益，以提高人民生活水準，或科學技術能力；另一方面就無形商品而言，則是經由這種方法，以改善生產、製造之環境或能力，或帶動研究、發展層次之提昇。總之，技術移轉僅是一個過程、方法或手段，而其終極之目的乃在於藉助著這過程、方法，將開發中國家原有的，或不存在者，轉變而成更好、更高級者。

第三節　技術移轉之方式

技術移轉可分為商業性者及非商業性者，而一般指的則是具商業性質者；另外又可依是否有外國資金之介入而區分。在非移轉人投資參與之技術移轉，一般可分為：（一）聘僱國外專家，（二）硬體設備提供契

約，(三)技術移轉合約，(四)整廠移轉契約❾，(五)加盟特許 (Fran-chise)。至於有移轉人資金介入者，則爲外國直接投資 (FDI—Foreign Direct Investment)，其中又以合資 (Joint Venture) 企業居多。

(一)聘僱國外專家

此類方式可說是最簡單、最直接，而其適用範圍又以較簡易或一般非屬專利權、著作權等智慧財產權保護之技術移轉爲主；尤其對於一些資金不多之中小型企業，又亟思改良技術或提高生產力之需求下，以最直接、最經濟之方式，聘僱專家，可說相當實用。而這類專家之來源，並不以國外企業內之人員爲主，可能多屬一般具有專業素養及訓練之顧問公司擔任；當然若受移轉人與國外大型企業有產、銷之直、間接關係時，若能從該國外企業取得諮詢、指導或訓練之合作關係，或許將比其他方式有助益。但此時則應考慮是否將因此受限於該有產、銷關係之國外企業，或本身之產業機密因而外洩，造成不利之現象。

(二)提供硬體設備

機器、設備在技術移轉之過程中，可說是扮演重要角色；尤其在製造業，生產技術之改進、提昇，更須靠較進步、精密之生產設施。這些機器設備之提供，則應考慮受移轉人之需求程度及技術能力而定。因爲由於僅提供設備，並無其他相關非硬體技術或 Know-how 之配合，所以該設備須爲受移轉人能力範圍及需求範圍所能發揮其效用者，否則縱使有再精良之設備，卻是枉然。因此古諺雖有云「工欲善其事，必先利其器」，但該「器」與「工」之間仍須有其相輔相成或相得益彰之關係存在。

雖然有了硬體設備，但使用之訓練也不能免。硬體設備提供人，應給予受移轉人訓練，如何使用這些設備，或其安裝，或當這些設備若須

---

❾ 參❼ p. 8。

與受移轉人現有或將購自其他提供人之設備結合、配合使用時，提供人
另應給與有關結合、配合使用之訓練或指導。至於如使用手册及以後之
維修保養，更不可少。尤其在維修保養方面，或與提供人訂立長期維護
契約，或應由設備提供人指定合格之維修廠商，或由受移轉人提出相關
維護廠商，與提供人諮商、協調後選出最適合者。另外則關於支付計算
方式，尤其指設備與相關訓練服務費用，是分開計算，或合計付給，或
該訓練是免費提供，受移轉人均應充分瞭解，最好能取得供應商之其他
客戶或其他相同或相類似之供應商之資料加以比較，另外則向有關產業
公會、政府機關取得諮詢服務，以確保權益。

(三)技術移轉合約

　　這是本書所談最主要之技術移轉方式，也是目前國際間技術移轉中
最常見，也最符合移轉雙方當事人需求之一種。關於移轉合約，本書於
第三章將有詳細之介紹及評估，在此則僅就其意義及原由加以闡述。

　　開發中國家所需者，其中之一則為如何提高其技術，尤其是先進國
家最新發展之科技；且大多數的科技，都受制於智慧財產權之保護，因
此，若能取得其授權許可，將更有利於其行銷。而技術移轉人，則多半
因不願將其資金投入那些風險性高之國家中，或受其他投資之限制等，
但卻又亟欲跨入該市場，獲取利潤。所以在此原則考慮下，透過授權許
可之方式，可說兩蒙其利。但受移轉人則應考慮需要與否及其成本，尤
其是其在人、物方面，是否能配合，在一定時間內完成技術移轉；至於
移轉人，則應考慮如技術外流，市場競爭，及受移轉國之法令規章之限
制，甚至國際間之出口限制規定等。

　　由於開發中國家對於技術移轉合約（主要指 Licensing Agree-
ment）之缺乏經驗，及相關之科技知識，尤其在移轉成本及將來利益
之評估方面更不易掌握，所以應特別謹慎。在移轉人之選擇上，並非一

定是大型或多國企業莫屬，應視產業別、技術內容而定，有些中小型企業，或者研究機構，也有很好的成果表現或特別專業或更適合受移轉人所需；而這些相關資料，不妨向國內有經驗之廠商，或前赴國外考察瞭解。至於移轉國家、地區之選擇，則不一定限制美國，當然語文之考慮是其中因素，但最重要的則是視產業而定；例如：在電腦及其週邊產品上，美國在技術發展之進程及層次上可能較為領先，但其他成熟期產品或精密工業，如：汽車、鋼鐵，或其他農產加工等，歐洲、日本或澳紐等地，都可能有較具規模或研究開發能力者，受移轉人應儘量取得相關資料並仔細評估其利弊，再作定奪。所謂「貨比三家不吃虧」，技術授權合約之簽定，有其一定時間（多半五年一期）之限制，實不能草率行事，事前準備及研究的工夫，是決定日後合作需求成功、融洽與否之最重要因素。尤其在商業利潤之考慮外，社會及整體經濟、科技之提昇及紮根，未來發展之潛力等，每一個技術授權合約都具有國家、民族之使命。近三、四十年來，有多少企業、產業因國外技術之引進，進而由國人再以研究創新，而至生根、茁長，又有多少企業、產業，因貪圖一時之利益，或未能充分考慮未來發展、社會成本等，而凋零、沒落，或從此受制於人而不得進展，甚或造成國內社會、環保等問題，這些都是借鏡，也是殷鑑。

(四)整廠移轉契約 (Turn-key Contracts)

這類契約主要適用於整個廠房之設立或整個產業之生產、製造之主要流程及設備、技術之一併提供；而由於這類的技術移轉，往往牽涉多個層面及流程，所以所合作之對象，可能包含著數個移轉人結合。

由於 Turn-Key Contract 多半是一個大計劃 (Project) 之執行，因此所耗費的成本也相當可觀，受移轉人在成本觀念考慮下，一定得謹慎參與每一個環節之決策及執行，最好能將整個計劃分出其細部，

將每個部份之技術、設備需求以及成本分別評估、計算，尤其該整體計劃之移轉人並非唯一，而是由移轉人分別選擇各部份之合作對象時，受移轉人對該次移轉人或相關移轉人，都應分開評估、選擇，受移轉人應對各部分之移轉人之專業技術、資格及能力予以評估，並應就各移轉人對該計劃之其他結合部份之瞭解、配合之實力，作整體之考量。

（五）加盟特許 (Franchise)

傳統上加盟方式是基於產品準備，但目前已擴充至製造加盟及商業加盟。所謂「加盟特許」指的是授予權利，以利其生產、銷售冠有某種商標或商業名稱之產品或服務，而該生產、銷售則需依照授權人指定之方法、程序為之，授權人亦同時負有以廣告、促銷或其他行銷方式，幫助被授權人達成其加盟特許之目的 ❿。在產品加盟特許 (Product Franchise) 方面，主要指的是授權銷售某種產品，如：汽車之銷售；而在製造加盟特許 (Manufacturing Franchise) 方面，以授權人之商標、名稱生產，如：冷飲產品及衣服、球鞋等。另外，最為大眾熟悉的則是商業加盟特許 (Business Franchise)，這是雙方當事人間最具整合性之一種，不僅包含產品行銷及商標使用，另外整體行銷策略、經營企劃，乃至於設備、服務及產品控制、企業識別 (CI) 等，均由授權人參與控制、系統設計，也可以說被授權人只是其中一個行銷網路；商業加盟最常見者，如：速食店及超級市場。

授權人一般負有選僱、訓練、提供貸款，而被授權人則有提供地點、人員、設備之義務，另外則是不得再接受其他之加盟。另外關於合約之終止，一般均在於授權人，而且多不能延長或更新，但這並非絕對之條件，被授權人在雙方掌握之優勢比較中，應多爭取契約中最有利之

---

❿ 參美國法院判決 H&R Block, Inc v. Lovelace, 208 Kan. 538, 493 p. 2d 205, 211.

地位。另外有些產品是否一定須加授權人之商標售出，亦得斟酌，如速食店之非主產品: 飲料、調味品等，應爭取分離使用，以免受制於授權人。

(六)外國直接投資

結合外國資金之技術移轉方式有外國直接投資 (FDI) 及合資企業 (Joint Venture) 兩種，依據聯合國貿易暨發展會議之解釋，傳統上之技術移轉往往是外國直接投資之一部份，不管是消費產品或工程、化學工業等製造業,多國籍企業多透過直接投資方式進入開發中國家❶。而其方式大都以子公司或分公司之型態進入，由於這種母子公司的關係，一般都較少結合著非常正式的技術授權合約存在。雖然研究發展之權利金仍須支付，而因其有過半數股權為國外公司擁有，所以往往在極其重要的職位或關鍵之技術，均由國外公司掌握。依照美國商務部一九八五年之統計，這類跨國投資之研究發展 (R&D) 大都是在母公司或其他已開發國家中進行，僅有百分之零點六的經費是花費在開發中國家之子公司。另依據聯合國跨國公司中心在已開發國家中所做之研究，亦顯示出跨國公司在其位於開發中國家之子公司或關係企業之研究發展工作相當的少。當然這包括了許多的因素存在，例如: 在發展中國家其研究發展活動之經濟規模非常小，母公司成本效率及中央控制之研究發展策略及開發中國家本身市場太小、缺少技術工人與科技之結構等❷。

另外一個現象是: 在一個保護、壟斷之產業環境，易將其技術活動轉向量的考慮; 而在一個競爭的環境下，這些外國投資者反而更加關

---

❶　參❷ p. 6。

❷　*Transnational Corporations in World Development*, UNCTC, United Nations, 1988, p. 181.

注品質之改進及成本之控制❸。也就是說: 受移轉人國家之經濟政策及法律制度, 對於企業活動之競爭得否及程度之規範寬嚴, 也是影響外國投資者對其企業活動之指標。這在國內之相關政府機構可說有著相當之警惕及指導作用, 相信讀者亦可自己判明現今國內產業之現象, 尤其就十年或三十年前與現在加以比較, 或許更可得一清晰之結論。

除了外國直接投資, 另一種也是存在著國外資金的就是合資企業 (Joint Venture)。事實上這兩者有許多的共通點, 最大的不同則在於合資企業的外國資金較少, 大都少於百分之五十, 且在技術移轉時, 合資企業往往依據嚴格規範的技術授權合約 (Licensing Agreement) 進行。而另一種合資企業形成之源由, 則可能是常年的技術授權合約的雙方當事人, 有感於其關係之益加密切, 進而由授權人投入資金於當地企業而形成。合資企業因為有技術合約的結合規範及較少的國外資金, 所以較受開發中國家之歡迎, 究其原因則不外乎透過積極的參與較高層次的決策過程及較深入的瞭解相關之研究發展, 開發中國家掌握著較多的資訊及管理監督, 對於技術移轉之結果也可能有更滿意的收穫。但在實際上是否如此, 仍受著主、客觀因素的影響。在主觀方面包括了: 開發中國家本身之接受能力、相關法令規章的配合、經濟之規模及需求; 在客觀方面: 最重要的則是技術合約中是否仍有着相當的限制, 如技術保留條款、另須計收權利金等, 以及技術本身之層次、成熟度及未來性等。

不管是直接投資或合資企業, 對開發中國家的經濟發展都有著一定

---

❸ Katz, Jorge M., et. al., *Productivity and Domestic Technological Search Efforts: The Growth Path of a Rayon Plant in Argentina*, Torge M. Katz, *Technology Generation in Latin America Manufacturing Industries* (New York, St. Martin's Press, 1987)。

的貢獻。但依據有關國際組織之調查顯示,在一九八三年「聯合國跨國公司中心」(UNCTC—U.N. Centre on Transnational Corporations)之「第三次調查」(The Third Survey),合資企業有著全球性及重要性之趨勢; 而在一九八七年的「經濟合作暨開發組織」(OECD) 的調查, 技術授權合約卻又最受企業界的歡迎❶。這是值得注意的一個調查報告, 尤其後者, 因其時間較近, 可能更能表現出現今之傾向。

　　至於產品之種類不同,也是重要關鍵。在較成熟或完全成熟的商品,品牌意識形象極重, 外國企業較易直接投資授權生產, 這或許因為切入市場或者利潤已相當穩定, 成本也已完全攤提; 但在發展中的科技, 或生命週期很短的產品, 如電腦及其週邊設備, 一方面因為市場及利潤之不確定, 另方面則因為技術競爭之考慮, 直接投資的方式較不受技術輸出國之歡迎, 而技術授權合約, 有著智慧財產權之充分保障, 又不須考慮投資報酬的問題, 所以較能受到青睞。

　　除了前述六種技術移轉的方式外, 其他再如: 管理契約、 行銷契約、技術服務契約及再授權契約等不一而足。選擇的方式除了產業需求考慮外, 亦包括如何整體有效的提昇技術能力、 擴展市場, 所以各種方式之結合使用也是應予以考慮; 而最重要的就是遠來的和尚不一定會唸經, 對象的選擇 (見本章第五節) 關係著未來的發展, 實應慎重。

第四節　技術移轉與工業化國家

(一)歷史回顧與未來展望

　　自二次大戰結束以來, 民主陣營與共產集團之壁壘對立, 開始影響了世界工業的發展, 尤其在資本主義社會的技術交流與合作。從美國援

---

❶　參❶ p. 177。

歐的馬歇爾計劃及美、日安保條約下經濟的援助等開始，由於政治及戰略因素的考慮，大批的援外計劃及技術交流，從白宮、國會、五角大廈及華爾街，紛紛出籠；從農業生產、農產加工，到尖端的國防工業及高科技產業，次第地由美洲大陸、復興後的西歐，向亞、非及中南美等開發中或低開發國家登陸。這其中有的是基於同盟互保的關係，有的則是爲免於淪入共產集團之手的戰略考慮。而當開發中國家逐漸興起之際，這些工業化國家又因國內勞工成本增加、工業污染及傷害之防避、市場利益之誘因，甚至於自然資源之開發利用等因素，展開另一波段的技術及資本輸出。而至於今，由於共產集團的瓦解、退卻，又轉向竹幕之內。

但由於第三世界債務的危機,新興工業國家或地區(NICs or NIEs)之崛起，及對日本二次大戰夢魘的餘悸猶存，再加上科技競爭的日益白熱化，工業化國家在近幾年來，又開始重新檢討、評估其對外貿易政策，從要求開發中國家及日本，擴大開放其進口限制，刺激國內需求，到其本身對科技輸出的設限等等，另一階段的工業貿易政策於焉形成。尤其在跨國企業、多國籍公司本土化 (Localization) 日益加深之下，一方面大型企業主與當地國家及社會形成良好及不可脫離的依存關係，另方面這些因海外投資輸出資金所得的收益，並未因此回流，工業化國家的政府對這些企業可說鞭長莫及，一方面反而影響國內勞動力就業市場及產業、經濟之發展及成長，另方面又造成嚴重的財政收支不平衡的現象，終致通貨膨脹、經濟衰退及產業空洞化等危機。工業化國家有鑑於此，莫不對跨國企業的海外投資、技術移轉等設下重重障礙，以期挽救。

在國際組織中，這些工業化國家，也積極展開行動，一方面要求雙邊合約的制裁，另方面又希冀多邊組織中的規範，重新檢討修正，從加

強工業化國家參與之會議、組織（如：七國高峯會談、OECD 等）之
合作監督及聯繫，到世界性組織、公約之結合利益一致之國家，進行各
項的修法工作，以保障其權益（如：　在關稅暨貿易總協定—GATT 烏
拉圭回合談判中，加強改善世界各國對智慧財產權之保護措施，及對農
業、服務業增加或重新規範等）。

　　這一連串的舉措，不僅表示出在後冷戰（Post-Coldwar）時代裏，
政治、軍事之戰爭或同盟結合，已逐漸被隨之而起的經濟衝突或利益結
合取代，工業化國家開始面對著一場與開發中國家間，因經濟因素而起
的爭鬪；另外卻也顯現著工業化國家不知自我檢討的蠻橫無理。事實上，
過去數十年來因為一些開發中國家的節儉、勤奮，造就了工業化國家的
富庶、繁榮，因而導致了消費膨脹、信用擴充，及生產力之低落等現
象，不僅在工業及經濟的發展上停滯、落後，另外也在教育及人才之培
養上發生斷層及水準降低的現象，工業化國家不知反躬自省，從內部因
素中，檢討、改進，卻一昧責怪開發中國家的種種措施，或要求開放市
場等，實有本末倒置，緣木求魚之譏。

　　展望未來，工業化國家之技術輸出仍將繼續，但相對的可能採技術
合作方式，尤其針對一些新興工業國家，將要求對等輸出或科技交換，
這在高科技工業或人才訓練、培育及管理技術等軟體之 Know-how 方
面，可能將更顯現；而國際組織之規範及合作功能，一方面將被嚴格要
求及執行，另方面則將形成區域性的合作依存關係。

(二)工業化國家的選擇

　　工業化國家多屬技術移轉之輸出者，因此具有強勢的主導地位，多
半認為技術移轉為一種商業交易行為，不僅政府不應加以干預（除非涉
及國家經濟、社會之安全），另依自由經濟及市場法則，雙方當事人得
自由訂定契約，也就是說工業化國家，不應負有不利的絕對義務。在此

前提下，工業化國家就該項交易而言，可說是永遠的贏家。

1.技術授權或投資

就前面分析可知，技術移轉有結合著資金之投資移轉方式，也有非資金投入之純技術授權合約兩種。這對於工業化國家在進行技術移轉合作前，可說最重要的選擇之一。

由於資金介入時，相對的須考慮投資報酬的問題，而一般的開發中國家，各項環境因素的不確定，或利潤及市場之不可預期，或者所提出之投資條件，不為對方接受，往往讓投資者裹足不前。反觀技術授權合約，則較少上述的限制，尤其不須考慮投資報酬的問題，卻同時能達到攻占市場的目的，尤其在須提供原、材料或中間媒介物 (Intermediates) 之合約中，更可因此而增加額外的銷售利益❺，特別是當這些原、材料或中間媒介物，完全由該移轉人提供時，更是如此。而在完全發展成熟，且已在本國市場銷售之產品，對於技術移轉人而言，可說完全不須增加任何成本。另外就一跨國公司而言，受移轉國之鄰國，可能有其子公司或分支機構，可以就近提供移轉服務，如此相對的也減低了成本。

但是，直接投資或合資關係亦有其吸引人之處。那就是對管理、營運、行銷及品質之控制；最重要的乃是對技術本身之控制，不僅其安全及機密性絲毫不疑，對於因技術授權而生之任何改良(Improvement)，可以完全接收，不必憂慮對方有所隱瞞，造成威脅，如此，也可謂減少了一個未來可能的競爭對手；此外，除了權利金之收取外，更可有投資股利之報酬。

到底技術授權或直接投資較有利益，實在很難從表面瞭解，唯有深入分析前述之利弊得失，並從其他有經驗的企業中吸取教訓，才能決定。

---

❺　參❷ p. 9。

2.地區、國家之選擇

　　工業化國家在選擇其技術移轉之夥伴時，除了市場因素，不外乎從政治、法律、財經、社會、教育及自然資源等因素來考慮適合的地區或國家。

　　(1) 政治因素: 一個穩定的政治環境，是任何企業在經營、發展其商業活動所最需要的。所謂政治的穩定，一般指的是一個強有力的政府，或是一個能依一般民主政治常軌運作的政局，也就是權力結構的更替，以和平、理性、有秩序的方式進行。因此一個政爭頻仍，尤其是軍事政變經常出現的地區，難免有著政權爭鬪、政令不常的不安定現象。在這種環境從事技術移轉的商業活動，一方面往往受著朝令夕改的影響而破壞商業環境的和諧，另方面也由於政爭，尤其政變的關係，當地的企業，更易受到直接的戕害。除此之外，戰爭也應包含在政治因素之內，烽火漫天的地區，尤其是長年處於戰亂的情況之下，各方面的設施，也必易受摧殘，更不易建設，所以也是不受歡迎的地區。

　　因此，一個守法有紀的地區，如太平洋盆地的一些資本主義的民主國家，一直都是工業化國家認爲條件最爲優良的地區; 反觀中南美洲及中東地區，一個是政變頻仍，一個是戰火綿延，都是工業化國家所不願進入的地區。

　　(2) 法律因素: 技術移轉可能有關的法律規範有: 商標、專利、著作權法、公司法、投資貿易法規及稅法等。有些是規範、保護技術移轉人的權利，有些則是限制移轉人之義務。

　　在前者保護移轉人權利方面，指的是智慧財產權的法律規章。在一個有完善立法，或爲重要國際智慧財產權組織之簽署或加入國，如「世界智慧財產權組織」(WIPO)、「伯恩公約」(Berne Convention)、「環球著作權公約」(Universal Convention) 或「世界關稅貿易總協

定」（GATT）等，在智慧財產權的保護，必較爲完備，且其採行之規定，也大抵能依一般之國際標準，較爲移轉人所能接受。尤其在參與國際組織及與國際組織合作之意願上，若較爲積極、配合的國家，必較能認眞且確實執行其國內之法令、雙邊合約（Bilateral Agreement）或多邊合約（Multilateral Agreement）。這類國家由於立法保護之周全，一旦受到侵害或有侵害之虞時，較能得到合理的救濟。

至於後者，如：公司及投資貿易法規或稅法等商事法令，主要在規範相關的經濟活動。在公司法，主要規範公司之設立、登記及營業活動等之權利、義務，這在投資性的技術移轉，更有密切的關係。若有關國外或合資企業的規範較爲寬鬆時，或有與「國民相同之待遇」（National Treatment）⑯者，是投資者考慮之重要因素。至於投資、貿易法規，則如獎勵投資或對產品之銷售有特別保障或出口之優惠等皆是。另外則是稅法上之減免措施，都是對技術移轉或投資者最有助益者。

另外關於技術移轉之方式是選擇直接投資及合資企業，或非投資性（Non-Equity）之技術授權合約方式，移轉人在開發中國家法令之考慮中，有一個很重要的影響者，那就是限制外國公司投資於某些因國

---

⑯ 依據 The Draft U. N. Code of Conduct on Transnational Corporations (1987/8) 第 49 條 Treatment of Transnational Corporations 之規定：在相似的情況下，跨國公司須有與國內企業一致的待遇。（…transnational corporations should be given treatment accorded to domestic enterprises in similar circumstances）另依 OECD, Draft Convention on the Protection of Foreign Property 第一條 "Treatment of Foreign Property" 規定：每一會員國須與其他會員國之財產有公平且平等之待遇。
雖然這些規定，並非經當事人簽定（Signature）或承認（Accede）之具法定效力的國際公約，但一般工業化國家，皆有一基本的共識，也就是多對有助於其權利保護之條款特別重視。

家安全或保護工業 （Infant Industries）, 或有逐年將外資股權移轉
(Fade out of foreign ownership) 於當地企業之特別規定。如中南
美洲有些國家, 將公用事業及當地之高經濟作物產業, 列入此類的投資
限制中。在這種情形下, 工業化國家往往不願將其資金投入, 而多願意
採行技術移轉授權合約的方式進行。

　　(3) 財經因素: 在經濟方面則爲對於與技術移轉企業有關之建設或
產業之瞭解。在公共事業或建設方面, 如: 水電之供應是否完備充分、
港口碼頭之建設及水陸空運輸之便利與否, 都是考慮因素。民國六十年
代, 在國內完成的十大建設, 其中關於交通部份, 就占了一半以上, 其
著眼點也在於此。至於相關產業的配合, 如基礎工業之鋼鐵、石化、油
煤工業之發展, 及上、下游產業之依存關係, 甚至週邊產業, 都須謹愼
評估。另外則爲相同產業之因素, 一般考慮點則在於: 若有競爭力強之
相同產業之企業存在, 尤其是該企業亦有國外資金介入或技術移轉合約
存在時, 除非經過審愼評估, 本身實力強於對方, 否則多半採行技術授
權合約方式進行技術移轉, 而不直接投入資金, 形成合資企業或成立子
公司。

　　金融方面的影響, 則首推外匯管制(Foreign Exchange Control)。
在一般開發中國家, 尤其低度開發中國家 （LDP）, 外匯非常短缺, 因
此對於外匯的流出, 時常有著嚴密的管制, 不管是以金額或以時間表的
方式予以設限。技術移轉者最大的收益乃在於權利金之支付, 而合資式
的企業則又多了股利的分配。這些收益除了在受移轉國轉投資外, 多數
是兌換成強勢及流通的貨幣, 如美金, 匯回母國或其他特定地區。但若
因外匯短缺, 造成兌換不易, 或以次數或數量作爲限制其匯出時, 往往
影響其利潤之獲取, 甚至造成資金運用之困難。另外匯率之穩定性, 也
是重要考慮點, 尤其一些外債高或國家收支呈現負面不平衡的國家, 其

幣值易於波動，甚至在一夕之間造成數十個百分比之變化；因此在做權利金之計算標準時，技術移轉人往往要求以強勢貨幣計算，以確保其收益幣值之穩定；但近幾年來，強勢貨幣在外滙市場上亦迭有波動，因此在滙差之損失方面，則往往要求受移轉人負擔，或者至少各自平均承受其危險。由於外滙因素影響實質收益甚大，因此一般工業化國家在選擇技術移轉之國家或地區時，往往有以下的考慮或作法：

(a) 選擇受有世界銀行或區域性開發銀行（如亞洲開發銀行）大力協助貸款之國家：這些世界性或區域性之金融機構，其目的主要是結合著龐大的資金，協助開發中國家進行經濟、社會的發展工作。因此若移轉人之技術符合上述目的，則易因此受惠，對於外滙之受限，可能因而減少。

(b) 選擇出口導向之國家或產業：有些產業雖是在某一國從事生產、製造，但其銷售卻往往是對其他工業化的國家，而非國內之需要，也因其為出口導向，且多數對象為工業化較深、經濟較穩定的國家，所以也就創造了外滙的收入。

(c) 受有移轉人母國政策性貸款協助，或商業性貸款提供之國家：在政策性貸款方面，一則以表示母國政府與該國間之關係密切，並有協助其發展之意念，另則以表示母國有鼓勵企業向該國進行合作或開發。而在後者之商業性貸款，或透過民間金融機構協助該國在國際性之資本市場募集資金，則亦往往有其貸款目的之特別條件，因此也有助於技術移轉人取得所需之外滙。

(4) 社會因素：社會因素往往與政治因素有著某種微妙的關係存在，但摒除這層關係不論，也有其獨立的特點。例如：在整體社會之性格方面，表現出如其個人之勤勉、敬業精神、團隊之合作及紀律服從等。這可從其民族性看出端倪。再如勞工權、義及勞、資關係等。而這

些問題，也就與生產力及其效率息息相關，相對的也就影響企業的競爭性及其獲利能力。一般而論，東方民族受傳統中國文化儒家思想的影響，表現出吃苦耐勞、崇法守紀的特性，而這些要素，也證諸如東亞新興工業國家四十年來的成就。除此之外，各個民族有其特性，這包括一國之內次民族間之問題、宗教信仰之差異、個人價值判斷等，都須分別做分析、研究。

(5) 教育因素: 教育與技能 (Skill) 之間有著密切的關連，尤其對於高技術之產業，更有著重要的影響。教育的普及與否，影響人民智能之開展，而技術教育之推廣與否，也影響中、下層技術人員之水準。在一個教育普及的國家，人民知識水準提昇，其接受訓練之意願及接受程度也相對提高; 而一個技術教育深植的國家，一般中、下級技術人才不虞匱乏，而其接受較高層次訓練之能力也相對提昇。因此，技術移轉人一則以不需花費太多的工夫在指導、訓練方面，另則以其溝通、協調方面也較無阻力，相對的也就減少成本支出，提高利潤之獲取。技術移轉人在選擇對象時，除一些特別因素 (如: 自然資源 —— 見 (6)) 外，往往考慮其技術之層次與受移轉人能力之配合。

(6) 自然資源因素: 許多的技術移轉都是伴隨著自然資源因素之考慮，尤其在合資方式之技術移轉，更具有此特色。而以地理因素而言，早期西方國家在中東地區探採油源，在中南美洲及非洲大陸開採各類礦藏及各類高經濟價值的作物產銷合作，可說最具代表性。至於技術移轉與自然資源之關係大抵可分為: 該自然資源為產品之原料或中間材料; 純為自然資源之開發; 該生產事業與自然資源之基礎工業有密切之關連三者:

(a) 自然資源為原材料: 如一般礦產業、農產加工業、煤、鐵、油等工業,或醫藥等。不論其為原材料之開發應用,或中間媒介品 (Inter mediates)，爲取得該等項自然資源，也因該等自然資源之利潤，工業化國家挾其先進之技術，提供給開發中國家，兩蒙其利。

(b) 自然資源之開採：此與 (a) 項之原材料有其相似之處，但其差異則爲：自然資源之開採，爲純就該等資源之開發，也就是「開採科技」之移轉，以提高其生產量或提昇其生產品質爲目的；而 (a) 項則爲自然資源之應用，作爲某類產品之原料或中間媒介，其移轉之技術並非「開採技術」，而是將該類自然資源移轉、應用，經由物理、化學等方式，轉化爲其他產品（如鐵砂成爲鋼鐵，橡樹汁成爲橡膠產品等），因此其移轉之技術爲「應用技術」。

(c) 生產事業與自然資源有關之基礎工業之結合：此類技術移轉著眼於 (a) 項與 (b) 項結合所生基礎工業與該技術移轉之產業之關連性，以降低生產成本。也就是以 (a) 項所生之製成品爲產業之材料，如：汽車工業城多半與鋼鐵工業城毗鄰，而也多半位於鐵砂之產地；或某類產業因與提供動力之產業有其依賴性，爲就近以利生產，或降低成本，工業化國家也就願將其技術移轉。

3.企業之選擇

合作對象之選擇上，可以質與量兩方面做分析：從企業成立之長短，產品之品質、形象，乃至於其營銷等，都是選擇時考慮的問題。

移轉人在做決定前，除對其可能合作對象，多方收集資料瞭解外，並發出一份問卷調查，其內容大抵可分爲：a.公司之組織、成立時間；b.營業及生產相關內容；c.財務資料；d.產品種類；e.生產之方式、機器設備；f.銷售網路；g.行銷策略；h.與其他企業技術合作之情形等。這項問卷主要也在明瞭可能對象之經營、生產能力、品質、財務、行銷之結構、模式、成本控制、利潤表現及與技術移轉人配合之能力及誠意或意願等。

在尋找一個合作對象時，就像銀行家在考慮一個貸款客戶；而在技術移轉上，移轉人之聲譽，就像那筆「貸款」般，因爲移轉人之名聲就是受移轉人可資運用的一筆資本。而受移轉人，一般都不具有雄厚的財力，但其可供移轉人垂青者，以整體觀之就是「公司之形象」(Company Image)。分而言之，可能包含以下之優點：

(1) 在產品之品質方面：它可以與移轉人之品質相配合。

(2) 企業的穩定性：該企業不一定須時日長遠，也不一定須沒有負債或貸款，但該企業的財務卻很穩定，其產銷的配合、成長，也能穩定地配合，其成本之支出與利潤之獲取間，亦可見其相對的穩定性。

(3) 並非大而不當，或卻是小而實在：企業之大、小固有其某種程度因素存在，但一個同行中排名中間之企業，卻可能有著無比的潛力，與排名在前之企業競爭。

(4) 企業的成長潛力與進取能力：在前者包含著企業的活力、市場的開發、產品之規劃、生產，與內部的營運、管理等。而後者則可能指對技術移轉之能力及意願等。但卻也須避免選擇日後可能變成競爭對手者。

(三)對開發中國家之批評

由於移轉人與受移轉人間，其角色、地位、需求之不同，因此對於技術之移轉，亦有其不同之觀點，因而也就易有爭議。在工業化國家而言，所受抱怨最多者可說爲關於所移轉之技術並非開發中國家所需要，另外則是合約上對開發中國家有著不合理的限制或要求。但工業化國家卻有其主張及看法，認爲開發中國家所指過於主觀，且未能就其前後因果或相關因素加以評估。以下就工業化國家之觀點加以敍明：

1.不適當科技之移轉

對於「技術移轉」其重心在於「技術」，而技術之範疇極爲廣泛，

因此在施與受之間，　在供給與需求之間，　難免因各種主、客觀因素而有影響；尤其工業化國家之私人企業，在資本主義自由經濟理念及體制下，其企業經營之主要目的乃在於利潤之獲取，尤其多國籍企業（Multi-national Corporations—MNCs），其企業向外擴張，或因國內因素而不得不往外出走，前者為企業市場利基之考慮，後者更因經營環境或成本因素之思量，所以其著眼點乃在於相當主觀或自我需求下所形成。

　　至於所移轉技術之適當與否，在前述因素之主導下，實很難做好事前之斟酌評估；而另方面就其定義而言，「適當性」實很難予以有一明確之規範，也就是其彈性度較大，更視開發中國家而有所差異。縱使在一般較客觀的標準下，勞力密集（Labor Intensity）之產業，對開發中國家而言，因其一般性勞力資源充沛，或許較能視為適當，例如在電子業而言，其組合、裝配，須要較多之人力，所以應具有其適當性。但反過來看，勞力密集之產業，由於對當地勞工之需求量相當大，且一般工業化國家之跨國企業，挾其雄厚的資本（這指在合資企業而言），或挾其在國際市場強勢的行銷通路及品牌形象，因此能提供較高於本土企業之待遇，或者與之合作之本地企業有見於將來市場利潤所在，也願意以較高之薪資吸引本地之勞工，在此情形下，則易與當地之勞工組織或企業公會形成對立或衝突，因此其「適當性」與否之認定，可能又須另行評估。也就是說，或許資本密集（Capital Intensity）之技術產業，可能又較具有「適當性」，因其較符合受移轉國對於提高國際市場之競爭能力之需求，而其較高層次之產品或技術，又較為受移轉國所接受。但資本密集之產業，卻又決定於兩個前提：a.資本；b.技術。前者若在合資企業，或許工業化國家可提供較大之資金比例而解決；但若不涉資金投入之「純技術移轉」，受移轉人是否能有如此龐大的資金呢？尤其一般開發中國家在外匯短缺的情形下，其有關生產之機器設備，是否能

順利地購置，更有疑問。而後者之技術，則指中級或較高層次之技術，一般開發中國家教育不普及，技術人才更是普遍缺乏，其是否又能配合該資本密集之技術移轉呢？

　　事實上，削足適履式地要求工業化國家，提供最符合特定開發中國家之性質產業，或者為符合該國家之特性，而將其產業做某種程度之修正，這二者均不符合經濟規模或經濟效益的。因為如此的作法，不僅對成本、利潤觀念為先導之自由企業而言所費不貲；且最重要的是，一般多國籍企業，其標準化、一致性、特定品質等，均已有一定之準繩，這些不僅是跨國性企業經營之基礎，而且更是其賴以生存發展之效率原則，也就是企業的無形資產、利潤產生的最大泉源，因此工業化國家的企業，不可能為某一特定國家之需求而犧牲。尤其對於受有智慧財產權保護及限制之產品或企業形象，因其企業之得以生存、利潤之得以持續，或因對於智慧財產權之行使，或因消費大眾對該智慧財產權之信賴，所以任何的更改、變化，不僅影響商譽、品質，而在市場導向 (Market Oriented) 下，競爭環境已臻白熱化之情況，消費者更不容得罪。所以，一般工業化國家之大企業都一致認為，為使技術移轉更能適當的符合當地的經濟、社會之環境或需求，乃是當地國政府所應努力的工作，也就是有關研究發展的促進及經濟、科技水準的提昇，站在各取所需的立場而言，工業化國家之私人企業，並不應負有商業利益以外之其他成本或義務。

　　除此之外，工業化國家更進一步認為：所謂技術移轉之「不適當」性，有其因果倒置之譏。在某些情況下之「不適當」，並非移轉人所主觀意識上之「不適當」，而是受移轉國有「不適當」的制度或處置之限制而造成；也就是因為開發中國家先設定有「不適當」之規範，才造成工業化國家之「不適當」之回應。這在技術移轉中，關於「反授權」

(Grant-back) 之不合理的立法限制，更是明顯。所謂「反授權」，一般指在技術移轉時，受移轉人對於原移轉技術所做之創新改良，或應用改良。在一般之技術移轉合約中都希望受移轉人能將其再授權與移轉人使用、製造、銷售或應用於產品上；但有些開發中國家予以立法，嚴格限制其本土企業之改良、創新再移轉給工業化國家之企業，即使在移轉人願意支付權利金之情形下亦不准移轉。工業化國家之企業有鑑於開發中國家對本土企業之極端保護措施，在做技術移轉時，均會事先予以防範，或在智慧財產權上予以嚴格之要求，或在技術本身加以限制，以期將可能之創新、改良減低至最少，或納入原技術之保護範圍中，如此一來，更加添了開發中國家對移轉技術「不適當」之批評。但究其因果，是否開發中國家也應負擔一部分的責任呢？另外，則有關國有化 (Nationalization) 之限制，亦有類似「不適當」的因素存在。而這些與下面要談的「過時」(Obsolescence) 技術，亦多少有其關連性。

總之，「不適當」(Inappropriateness) 與否，視其供、需來決定。而在兩者均具有強勢條件下，則雙方均應知所進退，如此才能各蒙其利；反之，一方條件較為優勢的情況下，他方在不影響基本原則方針下，是否應做適當的調整、修正，而在此修正後，強勢的一方是否也應有所回應。畢竟企業經營的理念，並非利潤唯一的，在不影響利潤、市場因素下，是否還須兼顧其他的社會或道德之成本負擔？而一個國家經濟、社會的發展，其多元條件之配合，可能遠大於某一特定因素之限制或保護。

2.過時技術之移轉

對開發中國家而言，技術之移轉，一方面在充分開發其自然或人力資源，以提昇人民生活水準；另方面也希望藉著技術之更新，提高其國際競爭能力。因此一般開發中國家，均希望能取得工業化國家較進步之

技術，以達並駕齊驅，甚而迎頭趕上之目的。但工業化國家則認為：開發中國家如前述，並無一般基礎科技或技術人才，另者其資金之欠缺，一些先進的技術，是否適合移轉，或是否能為開發中國家所接受，不無疑問。例如在高科技產業，其生命週期較短，所需之技術層次又較高，對開發中國家而言，其人才之培養、訓練，是否能追上如此短之生命週期變化？而瞬息萬變下，所投下之研究發展資金，又如何回收？甚至如何取得大筆的無明顯的或立卽的利益回收的研究經費。在此情形下，工業化國家認為，所謂「過時」(Obsolescence) 技術，並無絕對的定義，它是相對於新發展技術而言，且是相對於國家、地區或相對於需求性而才有其意義。也因其具比較及需要之性質，因此並無法明確界定「過時」與否。例如：在一油礦已然枯竭之地區，而強將其探油技術或石化產品之生產技術予以移轉，則可謂過時；而在一尚未完全電腦化的領域，將相關之資訊系統網路之設計予以移轉技術，縱使並非最尖端、進步之系統，但如果符合當地之能力及需要，則並無「過時」可言。

另外所謂「過時」（或許應稱做「成熟」(Mature) 較適切）技術，具有「價廉」及「適當性」，是兩個開發中國家較能接受，也較能負擔之特性。在前者「價廉」而言，由於技術之完全「成熟」，其所付出之研究、發展經費，可能已完全攤提 (Amortization)，或已從利潤中完全回收，相對的其可為市場接受的程度，也可能較高。因此開發中國家一方面可以較低的代價取得該技術，另方面也較不用考慮其在市場上可能須付出的開發經費，甚可挾其成熟性及消費者之認同性，而較易取得市場上之地位；尤其該「成熟」技術產品，若工業化國家因成本等因素，已無法與開發中國家在市場上競爭時，更易顯現。例如在電腦業中個人電腦部分，已逐漸邁向成熟期，且其產品之同質性相對增加，但開發中國家具有較低之勞動力成本，且美、日等電腦業先進國家，已因其他更

尖端產品之開發，或在個人電腦已取得相當的利潤下，逐漸降低其全球之市場占有率，而拱手讓給如韓國、中華民國等新興工業國家。此外，在家電產品中，尤其在電視之生產銷售，美國可說已將其市場讓給如日本之「新力」(Sony)、韓國之「金星」(Goldstar)，甚至如我國之「普騰」(Proton)，也是一個很好的例子。因此，在「價廉」這一點之考慮上，並非一定不是「物美」，因此所謂的「過時」與否，有時只是「成熟」的誤解罷了。至於在「適當性」方面，這是針對開發中國家之特性、環境不同而異。但基本上而言，技術移轉，所牽涉的並非僅是地理區域之變更，也就是並非生產地點之移轉而已，它包括了從設計、開發、生產、製造到銷售、維護、更新等一系列且各層面的同時的教育、訓練。而這些則受著「施」與「受」雙方面能力配合之問題影響，也受著當地環境的影響。在一個「成熟」性的技術而言，移轉人對整個技術各個層面已能完全瞭解，不管其有利點或問題點。因此在移轉時可減少不必要的錯誤發生；也因其充分瞭解，更可判斷是否能確切符合開發中國家之需要及其應有之配合措施；另方面在開發中國家而言，其現有之技術能力、人力自然資源及經濟、社會需求等，可能較能配合，因為一個成熟的技術，可能有著較易運用操作、學習、維護等特性，且可能較易滿足開發中國家初步或基本之需求。例如：在輕油裂解技術上或需要上，一輕、二輕可能有著較基本的特性；而五輕、六輕其技術層次可能較高，且生產量較大較快，但是一個國家在剛引進這些技術時，可能沒有多少人對其有詳細的瞭解，或者並不能準確預估其將來之需求性，因此若驟然進入五輕、六輕之生產，其技術上是否能以配合，其相關產業之需求性是否有那麼大，都不無疑問。又如電腦之開發從 8 位元以至32甚至64位元，這也是循序漸進的，當然中間可能加速進行，但基本上之技術無法克服，縱使以高價將最先進的技術購入，是否能配合發展，也是一大

問題。

　　再者則是對於有污染性或有工業危險性較高之技術移轉。由於工業
化國家在消費者保護、環境保護等之措施更加嚴謹，且其一旦造成危險，
賠償金額甚高，企業往往無法負擔而破產、倒閉，因此一些跨國企業乃
移至開發中國家生產，美其名爲技術移轉，實則進行風險規避之取巧行
爲。對於開發中國家的批評，工業化國家之大企業一般認爲，有些產業
實則因自然資源之考慮，如：與石油有關之化學工業，因此其技術移
轉，實有助於自然資源之開發利用。另外則是廉價勞工之誘因，工業化
國家企業認爲：提昇人民之生活水準，進而促進經濟發展，爲開發中國
家尋求技術移轉目的之一，因此該類之技術移轉，既可提高人民的就業
機會，相對也就帶動經濟發展，尤其具有上游或火車頭產業之特性，更
有助於其下游或相關產業之發展。

3. 權利金（Royalties）支付

　　權利金指的是對技術移轉費用之支付。在移轉人觀點而言，也是一
種投資報酬，也就是對技術之研究、開發，所投下之資金，或對多年來
累積而成之商譽，所付下的心血之回報。因此受移轉人爲獲取該技術，
而支付其移轉、使用等之費用，亦是理所當然。

　　既然技術是移轉人之私有財產，權利金之支付亦是必然，但其衡量
標準、計算方式則宜明確且能爲開發中國家所能接受。依工業化國家一
般的考慮，其技術成本主要來自於四個衡量標準：

　　（1）工程運作前技術的改變之成本、利潤考慮：這包括所有的構思、
設計，也就是在研究過程中所投入資本，包括人力、物力、財力、精神
的與物質的各類成本。這可從第一章關於技術之定義中可以明瞭，也就
是透過系統化的歸納、分析等方式所得之知識、經驗或技能。因此這
付諸生產運作前之研究成本，確應考慮在內，尤其在非關產品生產之

Know-how 及「管理授權」(Management Licensing) 等, 硏究、構思之結果就是其產品。

(2) 工程運作過程及產品設計之成本: 這可說由 (1) 所得之成果而付諸實際的行動, 也就較具實用性質之考慮, 這包括如生產部分之技術, 及有關技術或機器設備之配合運用, 以及產品功能、材質、樣式等各方面之設計成本考慮, 這也可說在整個技術移轉中, 所占成本較大之一部分。因爲要將一理論的、抽象的或數學方程式的成果, 演變而成產品, 其實際上所可能面臨的挑戰, 或所需支付之財力、物力可說最大。

(3) 移轉過程中解決問題之硏究人員成本: 移轉過程中, 由於人、地、時、物等情況之差異, 或有關配合條件之不足, 易有難以預期的問題發生。例如: 受移轉人設備之提供是否相當, 氣候因素之不同, 或生產現場之條件差異, 有的是自然的因素, 難以消除或避免, 有的則是人爲因素, 雖可事先防止, 但仍或有突發狀況待處理, 這些問題的適當處置, 才能確保技術移轉之順利完成。

(4) 移轉前之訓練及運作過程中之指導或檢查改正等: 這包括對於受移轉人之員工之必要的訓練, 以期能順利進行其生產, 或者在其移轉存續期間必要之指正, 或有關問題之解決; 另外則是運作過程中, 所可能產生的一些毛病或故障 (Bug), 這 Bug 指的可能是生產過程所生者, 亦可能指所製造的產品中本身發生者。這些屬於敎育訓練之成本。

另外一個權利金計算方式, 則是「出口附加價款」(Export Surcharge)。工業化國家認爲, 受移轉人將技術移轉之產品外銷, 可能造成對移轉人之競爭, 而喪失其市場之優勢; 另外則以移轉人之品牌銷售, 其在國際市場之競爭外, 更有品質形象之影響, 所以額外的就每一個出口產品另加一定百分比之權利金。

至於「成套技術授權」(Package Technology Licensing), 之

限制條款，雖然增加了受移轉人之成本負擔（增加權利金之支出），但卻因相關技術之一併移轉，確保產品品質，且可使受移轉人更完善、成功的達成技術移轉的運作。尤其在受移轉人極度缺少相關之技術能力時，成套的相關技術一併移轉，可說達成其需求目的最有效的方法。而有關研究也指出移轉之範圍愈廣、關連性愈強時，受移轉人對技術之吸收能力也愈強[17]。

4.企業經營之限制（RBP）

　　由於「技術」是移轉人賴以生存、發展之所賴，因此為確保移轉人之權益，對於受移轉人多有限制企業經營活動（Restrictive Business Practices）之規定，這些可能包括不能接受其他企業之技術移轉，企業競爭之限制，產品製造量的限制、銷售地區之限制等等；詳細的討論，將在第三章技術移轉合約中提出。但某些限制卻有其必要性，卻也非全然設限，這其間的差別，則依各個技術授權合約而定。至於其共通點，以移轉人之觀點而言，無外乎「技術」之價值或利益，往往有一定之期間，因此為在此期間，充分達到其商業利益的目的，並確保其權益之不受侵害，及商業信譽之得以持續，所以須有必要的保護措施。

第五節　技術移轉與開發中國家

　　開發中國家可說是技術之淨輸入者，尤其對於那些並無基礎工業的

---

[17] D. F. Greer, Control of Terms & Conditions for International Transfers of Technology to Developing Countries, Pre-conference Papers, Conference on International Regulation of Restrictive Business Practices Sponsored by the Center of Law & Economic Studies, Columbia University School of Law, November 9-10, 1979. 38.

低度開發國家更是如此。由於技術之發展與經濟之成長及人民生活水準之提高息息相關，這從十九世紀起西方工業國家之興起，乃至二十世紀一些開發中國家其科技之提昇，進而逐漸躋身世界舞臺，更是例證。開發中國家有鑑於此，乃逐漸向工業化國家尋求合作開發、技術移轉。因此在可預見的未來，將有愈來愈多的技術移轉，向低度開發的國家延伸。

(一)基本原則的考慮

由於技術移轉之目的，不外乎在充分開發自然資源，妥善運用勞動力，以達逐步工業化，而提高經濟發展，改善人民生活為目的。因此開發中國家依其自然、人文等因素之差異，應尋求最適合其本國特性之需求，如此才能有效地實現其目標。

1.符合工業化的需要

工業化幾乎是所有開發中國家亟欲追求的目標。這主要的因素乃因工業化的國家生活水準較高，而一些新興工業化國家 (Newly Indus-trialized Countries)，即所謂的亞洲四小龍，在幾十年內脫胎換骨所造成的經濟奇蹟，更是一些開發中國家所努力模仿的對象。

但是各個國家間，其自然、人文之差異，事實上並無絕對的標準可尋，最重要的乃是因地制宜。以亞洲四小龍而言，都是地小人稠物稀的地區，且其濱臨世界最大洋 —— 太平洋之特性，可能也非每一國家都有類似的情況。而過去三、四十年間因戰略因素所生的一些便利，或許其他開發中國家，並無此一境遇。因此在考慮工業化時，最重要的是其本身「基本的需求」；而基本需求亦需配合其自然資源、人力資源及教育水準、地理環境等。

2.技術與生產瓶頸之突破

提高生產量，提昇生產品質、水準，則須尋求適合之科技，如此才

能打破停滯的困境。也就是一種技術之需求，應該是建立於生產能力之配合上。過低層次的技術，並無法加速滿足開發中國家之所需；而較高層次的技術，又可能無法配合其基本工業化的需求。因此開發中國家，在引進技術時，須充分明瞭技術與生產間之差異，唯有如此，才能相輔相成。

3.技術能充分吸收及應用

　　這主要指的包括在教育與時間二者。在教育方面而言，因爲每一種技術都是智慧或經驗的結晶，而這些可能需要其他相關技術的配合或其他相關知識的輔助。尤其技術多半與基礎自然科學有著密切的關連，而自然科學又牽涉到國民教育程度與知識水準。因此若沒有一定的教育水準，或對某些特定的技術知識不了解的話，某些特定的技術也就無法吸收整合。例如在實用科學的領域中，往往有許多基礎科學，如數學、物理、化學、生物等之應用，而若無培養對這些基礎科學的專業人才，也就無濟於事。因此爲能充分吸收所移轉的技術，在教育人才、培養專業人員方面，應打好基礎。尤其若要能將移轉的技術有效的創新、應用，人才的培育與訓練更須加強。

　　另外在時間方面，由於一般之技術移轉合約多有時間的限制，而技術的更新更是日新月異。因此如何在如此短的時間內，將所移轉的技術充分吸收，實應有一套詳細、完整的規劃；而一方面對於日新月異的科技發展，更應隨時注意、研究。如此一則可確保技術移轉的目的達成，再則可充分掌握最新的科技動態，隨時做調整、對應。

4.成本因素的考慮

　　所謂成本，一般指的是權利金支付的直接成本，另外則指合約條款限制之間接或未來成本，及其他社會、經濟成本。

　　在權利金部分，由於開發中國家多是外滙短缺的國家，而一般技術

移轉人也都要求開發中國家以強勢貨幣支付權利金，雖或有些移轉人可以受移轉人之自然資源或所生產的成品為給付標的，但畢竟仍是少數。在此情形下，一般開發中國家多以開源、節流二者進行。在前者，指的是利用其開發自然資源所得以支付權利金，或尋求投資合作以吸引國外資金，或以其廉價的勞工，以做為國際市場之競爭力，或者以開發之名義，向世界銀行或區域性的開發銀行尋求貸款、補助。而在節流方面，則指的是依其特有的條件為籌碼，與技術移轉人討價還價，而這其中的籌碼，除了本身的條件外，更重要的則是對於所移轉技術及移轉人的瞭解，如此才較能取得一「合理的」(Reasonable) 價位。

至於在合約條款的限制，所形成的間接或未來成本，有時甚至比權利金之支付還要可觀。因為在工業化國家普遍認為技術移轉為純商業活動，因此移轉人所重者為商業利益的獲取，所以一則以確保其利益，另則冀望技術移轉帶來更大的利益。而有時權利金的部分，並非其主要收入， 移轉人可能完全滿足受移轉人的要求 ， 反而在其他合約條件中設限，最明顯的如中間或媒介物 (Intermediates) 的指定採購，且高額出售，或如銷售附加價款限制等 （詳細請參第三章技術移轉合約）。這些無形之中所增加的間接成本或未來成本，可能遠大於權利金的支付。因此受移轉人在考慮成本因素時，除了對權利金的計算、金額固應密切注意外，其他相關條件，更不可輕忽。

在社會及經濟成本方面，首要注意的是技術移轉的項目是否與整體經濟利益有其一致性，也就是說，由於技術移轉的對象及方式，往往以企業相互間的模式進行，因此本國企業可說最大的獲利者，但本國企業的獲利，是否與實質的經濟成長有相輔相成之功能呢？例如該企業之發展是否因而帶動整體產業的發展，或因有上、下游之利益樞紐，進而促進相關產業或上、下游工業的整合或發展，而這些相對的關係，是否又

因而提高經濟的成長？例如就業人口的增加、生活水準的提昇。另外則是本國技術水準是否因而提昇，進而達到與國際同步或得以匹敵國際競爭，且相對的國內研究發展的風氣因而開展並提昇其能力、層次。而在社會成本方面，多半指是否有負面的結果產生而造成其他成本的負擔。例如環境污染、工業傷害、勞資關係、犯罪問題、社會風氣等的影響。在追求經濟成長的初期及過程中，一般往往不會密切注意其可能產生之負面效應，而這些負面的效應，卻往往須花費更大的精神、財力來解決。因此開發中國家在尋求技術移轉，提昇其經濟規模時，更應事先規劃、防範可能造成的負面成本，因為這些負面效應一則將抹殺經濟發展的成果，另則須有更長的時間，更多的人力、財力、物力，以及更大的精神，才能尋求妥善的因應對策。

(二)技術種類及相關計劃

在技術移轉的方式中有某種特定技術或相關技術移轉，及成套技術移轉兩者。在開發中國家，除一些具有基礎工業的地區，一般而言，其工業化的程度都相當低，甚至完全沒有工業化可言。因此在開發中國家的技術移轉，就某特定改良技術之輸入，有時並無助於工業化的發展。而其實際需求的可能包括相關技術之一併移轉，因此「成套技術」(Package Technology) 之移轉，對於工業化的建立可能較有其效益。所以這可能包括了從設計、規劃、設廠、設備提供、生產技術的移轉等一系列的技術。

在事前的評估及可行性分析方面，包括地點之選擇、相關資源、動力之配合，及詳細的生產計畫報告等。這些評估工作，大都須借助國外專家，而其分析、評估之科學方法，若屬技術移轉之部分，則開發中國家因其移轉，進而可做為以後之參考或應用。

工程設計方面，則包括工廠之設計、分佈、機器設備之規格、特性

等，而在工廠之建築，設備之安裝、運作等更牽涉許多的技術層次，在某些部分，開發中國家可能接受移轉，但某些更高層次或牽涉太廣泛者，也只能藉助外國工程人員的直接參與完成。

其次則是技術移轉的重心，即有關生產、製造的技術及其流程，相關的技術支援、訓練及經營管理的技術等，這些是絕對且必要予以移轉者，也是在一般的技術移轉合約中最重要的一環，也就是「技術授權」，這不僅包括如何運用、操作有關設備以達生產目的，也包括了維護、修理及更換等項目，及著作、專利、商標的使用以及有關生產之 Know-how 應用。

(三)移轉合約與開發中國家

開發中國家之企業在移轉合約中大抵是為受移轉人之當事人身分，而移轉合約則規範著所有技術移轉之權利、義務之法律關係，及有關準據法律之適用、救濟方式及程序等。因此受移轉人在訂立有關合約時，實應審慎斟酌；但一般受移轉人往往居於弱勢的地位，尤其在對有關技術範圍、內容及相關資訊不甚明瞭之際，及對所移轉技術極為企求時，常常忽視自己的權利，而至問題出現或爭執發生時，卻因受制於合約條款，無法爭取到最合適的解決之道。以下就受移轉人可能具有之有利、不利地位，及合約中可能出現的限制條款加以探討，提供受移轉人參考。

1.受移轉人有利的事項

一般技術移轉均有各取所需的目的，這在移轉人可能是市場、自然資源及人力資源佔有絕大的吸引因素，而這些因素相對於受移轉人而言，可能成為其最能掌握的討價還價的籌碼。

在自然資源方面，若其為技術移轉產品之原、材料或中間媒介所必需，而受移轉人一則擁有該項資源，再則該項資源若為稀有資源，或地區分佈僅位於受移轉人之國家時，受移轉人在與移轉人商議合約條款時，

因掌有原、材料的優勢地位，可以較高之姿態提出條件。而在市場因素，例如巴西、印度，由於具有廣大的市場及深厚的潛力；或該產品之特質，僅爲受移轉之地區所需之情形；或因其易於切入鄰近的龐大市場等均屬之。而在人力資源方面，最直接的有利因素則爲低廉的勞動力成本，如過去的我國、韓國，現在的泰國、馬來西亞等；另外則是高教育水準或具有所需之技能訓練 (High-skilled, Semi-skilled) 者，例如我國、韓國或一些東歐國家皆是。

　　另外則是有關於情報收集及與多數可能之移轉人接觸之情形。在前者，包括對移轉技術之瞭解，該移轉人之背景因素，及其過去移轉對象、技術、權利金計算等相關資訊之掌握。而在後者，則在確定移轉人之前，最好與多數具有相同技術、能力之對象洽談，一則可比較其間之差異，另則亦可從比較中選擇較適合者，或取得較有利的條件。

2.受移轉人不利之事項

　　(1) 成本計算之困難：由於受移轉人多爲工業化程度不深的地區，對有關的技術，在相關資訊普遍缺乏的情況下，實更難就其成本結構提出評估，尤其對於「組合技術」的一併移轉，其牽涉之項目、範圍過廣，層次不一，其成本之合理性與否之標準無以比較。

　　(2) 外匯短缺之因素：由於外匯的短缺，一則以無法就相關條件予以詳細評估，尤其對於一些須直接進口的機器設備，往往無法取得較好的條件。另外若有接受貸款協助之情形，特別是附條件之商業性貸款，該貸款利用之對象、用途，往往亦有其限制，也就是易落入放款人之約束，指定其技術移轉的對象，或進口設備之採購對象。

　　(3) 過去經驗、關係之限制：由於過去合作之對象，可能在合約中已留下未來之限制條款；或因習慣、歷史等因素而造成合作之依賴性；

另外則如規格、制度在其他產業或前階段移轉技術中，造成對往後技術移轉之限制，例如：原有設備購自美國，因規格因素，其後則必須繼續尋求符合規格之美國廠商；再者因語言、教育訓練之過於依賴某一國家，造成文化及生活習慣之過於信賴等。

3.合約中之限制

最常見的一種即為：「束縛條款」(Tie-in Clause)。例如由移轉人提供必需之原、材料等，或其指定之原、材料，受移轉人不得任意更換替代品，或尋求其他的供應來源。另外則如銷售區域、價格之限制、其他技術一併移轉的條件、改良技術之再授權與移轉人等。(詳細請參見第三章)

(四)技術及移轉人之選擇

在進行技術移轉前，有兩個要素須受移轉人仔細評估後，依各種條件、狀況，做出最適當的選擇。一為所移轉的技術，另一為因技術移轉而須與之合作之對象——移轉人。前者視各國及產業之不同而有別，但有一共同點即是，該技術之引進，將有助其資源之開發、利用，科技之成長及經濟之發展；而在後者，則使受移轉人達到事半功倍之效外，更能以最低之成本，而獲致最好且最符合需求之對象。

1.技術之選擇

在技術之選擇方面，最重要的一點就是「適當性」，而其適當與否，一方面須從技術之性質著眼，另方面則須與本身之條件或特性配各，兩者缺一不可，否則即使在其他開發中國家適合之技術，或移轉人認為適合者，未必就適合引進。另外則是「需求性」，這則關係著未來經濟之發展；而其需求性則並非指受移轉人主觀意願之需求，更要符合現在或未來客觀環境之需要及變化。

(1) 與自然資源相結合：一般開發中國家大都具有豐富而未開發之自然資源。這可能指動力資源，如水力、煤、鈾、石油等；也可能指原、材料，如：木材、鐵礦、各種化學元素等。不管其種類爲何，若能妥善的開發、利用，不僅能因而建立基礎或動力工業，並進而帶動其他相關產業之發展。若這些自然資源已然開發，其相關下游產業則可能是另一階段應選擇移轉之「技術」。因爲自然資源之開發出口，固可帶來財富，提高經濟力，但畢竟仍是原始未加工之純原、材料，所以若能加以利用，即引進下游產業之技術，加工製造或應用發展，其附加價值也因而提高，如此不僅可有更大的財富，而相關產業之建立，更可進一步的工業化，並促進其他經濟活動的發展。玆以如下環扣的方式來說明其相關性──

自然資源（開發）→中、下游產業（縱向利用自然資源）→相關工業（水平式發展）→服務業（如：金融、貿易）

(2) 與人力資源相結合：

(a) 與充沛且廉價的勞動力結合：在開發中國家，多半有著充沛且年輕的勞動人口，因此在選擇技術可能較適合「勞力密集產業」(Labor-intensive Industries)，如此不僅可達技術移轉目的，另外也可提昇就業率，改善人民生活水準。（但因技術移轉多指工業技術，鮮有農業技術者，因此工業技術之移轉，往往造成城、鄉人口分佈之變化，或地區發展之不均衡，另外則易造成農業人口老化、農業萎縮等弊病，這些負面的影響，不在本書討論的範圍，受移轉人卻不可忽視其可能帶來的問題。）由於勞動力須能充分利用，所以「勞力節省技術」(Labor-saving Techniques)可能不適合。因該類技術多爲工業化國家高勞動力成本下，爲節省支出應運而生，而開發中國家並無此需要，且其多利

用複雜、昂貴的生產設備，更非開發中國家所能負擔⑱。

（b）與現有技術人員結合：這包括已移轉、引進之技術及當地現有之技能 (Skill)。在前者指其前後一致性及基礎、進階之關係而言，如此不僅可減少成本、時間，而也因其階段性之關係更可提昇技術水準。而在後者，不僅可提高技術人員之就業及技術之充分發揮利用，同時也因有相關技能之配合，更可確保在合約期限內，吸收該移轉技術之教育、訓練及 Know-how。

（3）與計劃及生產之需要相配合：「技術移轉」爲因，「計劃實現」爲果，受移轉人應有此觀念，因此須以技術就計劃，也就是說爲實現其計劃而引進技術。例如：國內十幾年前因某項交通建設而購進不適合地形需求之設備(怪手)，造成無謂浪費，殊爲可惜。另則與生產之配合：產能、產量因技術而異，其生產規模，因市場、成本、原料等而定，須事前做好評估，否則一旦引進技術，卻因其他因素之無法配合或不需要，則易形成浪費。所以一些「資本密集產業」(Capital-intensive Industries)，著重量產，且其有關機械設備之維護耗費成本過大，可能較不適合開發中國家。

（4）技術之應用及發展：技術一般可區分爲垂直發展技術或水平關

---

⑱ United Nations Industrial Development Organization, Vienna (UNIDO), *Guidelines for the Acquisition of Foreign Technology in Developing Countries*, U. N. Publication, New York 1973. p. 15—Certain labour-saving techniques, developed because of the high costs of labour in industrialized Countries, have little relevance in developing countries, and may prove expensive to acquire and to maintain. In general, enterprises in developing countries should avail themselves of labour-intensive techniques, provided that a basic competitive level of productive efficency can be maintained.

連技術。前者有其階段性之關係，而後者則有其應用性關係。爲求國內技術往更深、更廣層面的發展及需求，在引進技術時，不僅應著重本產業使用技術層次之提昇，更須配合相關產業之應用及發展。例如在礦藏之開採技術，或可同時運用於不同礦產；又如在個人電腦，其運算速度之加快，使用功能之多樣，多有其階段性之垂直關係。

（5）技術本身之性質：在能力及需求均能配合的情況下，應盡可能選擇最近、最新且最有未來性及發展潛力（技術本身）者；過時、陳舊的技術，或許能用於一時，但在市場競爭，質與量的要求下，卻易受淘汰的命運。例如黑白電視與彩色電視間的關係，8位元電腦與32位元電腦間的關係。

（6）促進經濟的發展：這可說最重要又最具功能性者。就像技術與計劃及生產間配合的因果關係般，經濟的發展爲其目的。在此前提下，所有技術的移轉，其最重要的功能性分析，也應最爲徹底，這包括正面的效果及負面可能帶來的效應。所謂經濟發展，不僅指現階段的目標，更應包括中程、遠程的方向。或許一些工業化國家的進程，可做爲分析、研判的軌跡，但每一個國家，每一個地區，每一個文化，每一個時間階段，都難免有其差異性，並無全然適用之可能。而在負面效應中，如前所述，其帶來之殺傷力可能遠大於其成果，因此一些前車之鑑，消極的應以避免，積極的則應尋求防範。

2.移轉人之選擇

在技術移轉過程中，移轉人扮演著極爲重要的角色，因爲無論技術之提供、訓練，設備之安裝、使用；產品之規劃、生產、銷售，乃至於與受移轉人間之日常相處，不僅移轉人須有高度的誠意、嫻熟的技術能力，更須能與受移轉人融洽的合作、相處，如此才能確保技術移轉目的的達成。

(1) 事前資訊的收集: 就可能之目標 (Target)，進行多方面的瞭解。這包括多數的可能移轉人，其公司沿革、財務狀況，研究、發展的情形，產品之製造流程，市場之分佈及其客戶對產品之反應，以及其原有或現有之各受移轉人對其評價及各受移轉人目前之發展等。至於技術部分，則應瞭解其利用之情形，有關智慧財產權保護、登記。另外則關於原、材料，中間半成品以及相關技術或產品配合情形，瞭解其本身有否製造能力、供應來源，是否有利於受移轉人。除此尚有關產量、產能、成本等因素之考慮。

(2) 國家、地區的選擇: 這包括正面的需求、配合，及負面的禁止、限制等情形。前者指的是移轉人及其將移轉的技術是否符合受移轉人之生產、銷售、使用之需要。有的可能因自然環境或文化背景等因素而有不適應之情形，或因銷售市場之不同而有差異。例如寒帶汽車之技術，可能不適合熱帶地區之需要；西方人體型、生活方式之與東方人之不同或習慣上的差異，也是考慮的因素；又如語言、文字之不同，可能也有無法配合需求的情形。而關於後者禁止、限制等情形，則多與國家政策或國際公約之限制有關，例如共產集團與民主陣營間種種之限制規定，又如某些產業各國有其不同之保護限制，或因國防、經濟、社會等因素 (例如: 美國出口管制規定 —— Export Administrative Act 及 Regulations 中因國家安全、經濟生存所做對高科技或瀕臨危亡產業之限制其技術移轉)，有時移轉人因利之所趨或不懂法令規章，強行輸出，可能造成受移轉人之損害。

在有選擇之條件下，受移轉人固可評估其利弊得失，但某些情形，尤其一些專業的技術或高科技產業，可能就只有一、兩家具有此技術，且多為跨國性集團企業，並具有豐富之技術移轉經驗及眾多的受移轉人，在如此超強形勢下，受移轉人卻不可因為弱勢而就範。畢竟每一個企業

都有其弱點或需要，此時則應注意如何突顯自己的條件與其需求配合，而成主觀的有利之點；另外並可藉由從其他受移轉人過去的經驗尋求因應，甚或聯合其他受移轉人，以「合縱」之勢，對其弱點進擊（例如：原料缺乏、高勞動力成本、市場受制於開發中國家等）；當然在此時也應避免移轉人「連橫」的攻擊，也就是避免造成移轉人結合其他受移轉人而要挾進逼，或以各個擊破的策略，讓移轉人反而利用受移轉人間利害衝突。

(五)對工業化國家之批評

技術移轉，尤其指從工業化國家及其多國籍企業，向開發中國家所進行的經濟開發為目的之技術移轉，在過去確實增加並提高了許多開發中及未開發國家之生產力及經濟規模，並因而提昇其人民生活水準，但卻有許多開發中國家仍持反對觀點，尤其在中南美洲的專家、學者更嚴厲提出批評，他們總認為技術移轉之成本、代價，遠大於一般可得知之標準，而其獲致之利益卻相對的低於工業化國家的一貫主張[19]。

1.不適當技術的移轉

依聯合國國際貿易暨發展會議　（UNCTAD）　指出[20]，技術移轉之不適當性多呈現在稀少資源之密集使用，例如外滙的過度支出；並造成豐沛資源的閒置，如勞動力資源；或未能注意其產品之性質，如生產昂貴或高級品並未能符合一般市場之需求，或難以尋求其市場；或因未能考慮整體社會資源分配之問題，如所得分配之不平均，造成市場與產品間供需問題。

這些問題不僅發生在原、材料或中間產品之選擇適當與否，也包括有關生產機具之適當與否，及其產品在市場之需求等，而且不管在勞力

---

[19]　參[8]。

[20]　參[3] p. 6。

密集產業，或在資本密集的產業都可能發生。

(1) 輸入 (Input) 原、材料之不適當：一般生產性事業，其原、材料之取得、運用，往往都有其替代的功能。就「料」而言，以開發中國家的觀點，當然以其本國蘊藏或已開發者，可能最爲經濟；但有些移轉人或因利益關係，或因使用習慣，或配合其生產機具的因素，卻不採用；例如有Ａ原料，卻採用Ｂ原料，如此不僅造成本國資源之閒置，也因而造成不必要的外滙支出。而就「地」而言，或就「源」(Source) 而言，也有如上所述之種種弊病。而這其間有泰牛之因素乃爲移轉人本身利益之著想，尤其附加利益或額外利益（尤其移轉人控制其原、材料或爲其供應者之情形最普遍）。

(2) 機器、設備之不適當：過於昂貴、複雜或過於陳舊、過時，都是不適當。在前者不僅受移轉人經濟能力之負擔過於沈重，且使用、操作技術過於複雜，對於並無相關能力或程度之受移轉人而言，反而事倍功牛，不僅在維護、保養上增加額外支出，且在生產力方面是否能因而提高也不無疑問。而後者由於陳舊的設備，一方面須有較高之維修成本，另方面也減少其功能，減少產能、產量；過時的技術，除可能有陳舊設備之問題發生外，其影響產品之時效性，進而造成市場並不需要等問題。

(3) 產品需求之不適當：對於內銷產品應講求其價廉且符合現階段人民生活所需。若爲高級豪華之產品，一般人民並無購買能力；若爲現階段不符需求者，可能因相關建設、產業之未能配合發展，或人民知識水準之尚未提昇，因此而不適用。例如交通設施不完善，則有關汽車生產並不能符合大多數民衆之需求。對於外銷產品，則因考慮國際市場之變化及需要，且須注意其爲市場區隔產品，或一般共通產品。一般最爲開發中國家詬病者，產品多牛僅適合於移轉人母國市場，而造成產、

銷無法充分配合；另者大多數之開發中國家利用技術移轉所生產之產品外銷，以創造外滙收入，而多數之工業化國家則視本地市場爲其目標，一則以擴張當地佔有率，再則避免國際上與其產品之競爭；在這二者南轅北轍之目的需求間，也是開發中國家指責最深者。

2.技術之陳舊或過時

　　前面曾約略提及設備陳舊之問題，其僅爲技術移轉過程中之一部分。而最爲開發中國家所譴責的則是整體技術之陳舊問題。

　　技術之過時，對以出口爲導向之開發中國家，往往造成競爭力減弱之情形；尤其在生命週期較短之產品，如：電腦及其週邊設備，其時效、功能、式樣等通常是決勝市場之利器。因此開發中國家批評移轉人一則爲確保其國際市場利益，另則爲使過時之技術，仍能帶來收益，所以乃將其移轉給開發中國家，尤其在非投資性技術授權 (Non-equity Licensing)，不用負擔其投資報酬之盈、虧，卻源源不斷有著固定的權利金收入。

　　至於提昇技術開發能力，或促進產業升級方面，過時的技術往往是絆腳石。一則以過時技術與新發展的技術常有脫節情形，而新技術通常也都是因原來技術之問題叢生而重新改良或另行發展，因此舊有技術不僅與新技術間缺少階段性的配合，甚且爲工業化國家揚棄者（因有負面效應，如：高污染、傷害性等）；再則以舊有技術可能對機器設備之使用效率有抵減閒置之影響，且舊有技術因其已爲工業化國家所不採用，其相關問題 (Bug) 可能更無從化解，因此也就影響生產力，且易造成資源無謂浪費。

　　另外則是具有高度負面效應之技術移轉，其陳舊或過時，可能帶來遠大於經濟或商業利益之社會成本負擔。例如：污染嚴重的產業，工業傷害力較強之工業，或其他製造社會衝突的產業。這些工業一則以工業

化國家環保、醫藥衞生等意識之提昇，爲其民族生命力之發展，形成嚴重的斲傷，所以多願意移轉至他國生產。開發中國家爲尋求經濟之成長，往往無法細察其可能的影響，但工業化國家卻因利之所趨，也不顧人類之繁衍發展、社會之祥和安康，其見利忘義之作爲，更令開發中國家所痛恨。

3.權利金計算或其他限制

在技術移轉之談判中，開發中國家由於資訊之閉塞，經驗之不足及知識之缺乏，因此無法與工業化國家之大企業平起平坐，這在關於成本支出部分更是易見。權利金之計算可說最直接的影響，由於並無成本概念，再加移轉人之予取予求，可說是受移轉人最爲棘手者。另外如機器設備及原、材料或其他重要成分 (Key Component) 之採購支出，或在生產、銷售，乃至再授權 (Sublicensing)、反授權 (Grant-back) 及原技術改良授權(Improvement Licensing)、出口附加價款(Export Surcharge) 等，不但相對的增加權利金以外的成本支出，也對未來利益或經濟平衡、發展，產生不利的影響。除此之外，則爲「限制條款」(Restrictive Clauses) 或「束縛條款」(Tie-in Clauses)。前者如企業活動之限制 (RBPs—Restrictive Business Practices)，禁止與其他可能之移轉人進行技術移轉或合作事宜，限制銷售區域、價錢、產量等不一而足；後者之 Tie-in Clauses，如限定原、材料之供應來源等。

總之，這些限制，無外乎確保其利益或市場，而歸納言之大抵可分爲以下幾類：a.原、材料；b.中間媒介 (Intermediates) 或重要成分 (Key Component)；c.機器設備；d.技術、管理人員；e.產量、市場、價錢；f.應用、改良、創新；g.再授權 (Sublicensing)，h.其他技術移轉。

第二章 技術移轉之現況

技術移轉隨著貿易之發展，國際合作關係之日益密切；及一些新興工業國家，因適當及有效地利用先進工業化國家之技術，而提昇了人民生活水準等，在近二十年來，已逐漸爲開發中國家所樂於接受。但一些工業化國家因國際市場競爭之日益加大，再因國內相關產業之日形空洞化及現代化科技研究、發展之領域逐漸萎縮及困難，相對的反而漸形減少進步科技之輸出，並進而要求新興工業國家負起更大的經濟開發及技術合作的責任。這些變化，可說從最初的單向垂直關係，逐漸演變成雙向垂直或雙向水平，甚至多元化的技術合作。

第一節 聯合國有關技術移轉之指導規範

聯合國有兩個組織，對國際間技術之移轉，可說有著指引、規範之功能，卻也有著協調、溝通的作用。其一爲聯合國貿易暨發展會議 (UNCTAD—United Nations Conference on Trade and Development)，另一個則爲位於日內瓦的聯合國工業發展組織 (UNIDO—United Nations Industrial Development Organization)；另外則

有一研究機構，亦常提出有關技術移轉的報告 —— 聯合國訓練及研究機構 (UNITAR—United Nations Institute for Training and Research); 至於聯合國跨國公司中心 (United Nations Center on Transnational Corporations)，雖然多為有關跨國公司之問題研究、報告，但因跨國公司，尤其最近發展而有所謂的多國籍企業 (Multi-national Enterprises)，常是技術移轉之輸出及移轉者 (Licensor)，因此跨國公司中心，亦常有相關之出版或研究報告。本節中主要介紹的為聯合國貿易暨發展會議，及聯合國工業發展組織二者之功能。

(一)聯合國貿易暨發展會議 (UNCTAD)

該組織及其下的技術移轉委員會 (Committee on Transfer of Technology)，常有定期或不定期的集會，並向聯合國大會提出意見。尤其近幾年來，對於技術移轉之國際指引規範 (International Code of Conduct on the Transfer of Technology) 之草擬，更是不斷地集會、商討並修正，以期建立一個可為國際間所接受之一致性的標準規範。

事實上在一九七〇年代，聯合國貿易暨發展會議有鑑於國際間技術交流之日益成長; 及技術移轉對於開發中國家經濟及社會發展所扮演成功或重要的角色，乃開始建立一個跨政府間的專家小組(Intergovern-mental Group of Experts)，進行有關技術移轉之問題研究。而在一九七七年，聯合國大會也有鑑於這項研究計劃之重要性，決議在聯合國貿易暨發展會議下，召集有關草擬技術移轉之會議。

而自一九七八年以來，已有多次會議之召開，而有關之規範亦大抵擬就，並有許多相關之報告及出版品。而這些進程，聯合國大會亦十分關注，尤其對於促進開發中國家有關經濟發展之技術移轉，而其更認為建立全球一致性架構之技術移轉標準規範,對於國際社會之和諧、進步，

確有其重要性。至於該規範之建立，則須能配合國際間技術移轉潮流之演變，且須能獲得世界各國政府強烈的支持意願，例如：在其國內法中立法制定規範，或在雙邊及多邊合約中，依其需要性，融入該聯合國規範之精神或架構。

　由於該規範依各產業之不同，而有差異，但其在技術移轉之國際指引規範會議中所揭櫫的十大精神、目的，可爲所有技術移轉之談判參考：

(1) 瞭解科技對社會、經濟發展之基礎功能，特別是對開發中國家發展之加速。

(2) 相信技術促進人類進步之重要性，所以全人類爲增進其生活水準，都有權享有科技發展進步之成果。

(3) 聯合國大會及其下組織，有關於技術移轉發展之決定須銘記於心。

(4) 瞭解適當的科技移轉，對強化科技潛能之需要，並與開發中國家合作，以建立國際經濟新秩序。

(5) 促進國際科技合作，須有助於世界之和平、安全，國家獨立、利益。

(6) 促進世界各國，不管其社會經濟制度或其經濟發展程度，平等參與國際技術移轉之機會。

(7) 瞭解已開發國家在技術移轉上，須給予開發中國家特別待遇。

(8) 注意改進技術資訊之交流，特別是最廣泛、全然的交流，並應選擇適當的技術以符合開發中國家個別之需要。

(9) 爲促進發展經濟及生活水準，聯合國之指引規範，將有效地協助開發中國家選擇、移轉，使用符合其需要之適當技術。

(10) 相信聯合國指引規範，在各當事人一致合意及有益之條件下，

將有助於國際技術移轉之促進❶。

但不論爲指引規範或會議精神目標，其參與國或聯合國會員國間，均無實質國際公法法律規範的效力，因其並非正式之國際公約。所以該規範僅可做爲參考依據，實際上之多國籍企業，在商業利益之掛帥下，縱使明知有遵守此規範之道德義務，亦難求其自我設限。而開發中國家，爲其自身利益著想，則實應詳細瞭解有關規範之實質內容，至少可做爲技術移轉時一種談判之籌碼。

(二)聯合國工業發展組織

(United Nations Industrial Development Organization)

聯合國工業發展組織爲聯合國位於日內瓦之機構，其有感於國際貿易之發展，在過去一、二十年間，已然超脫了傳統的財貨銷售 (Sales of Goods)，國際商業交易(International Business Transactions)之方式，益行多樣及複雜，尤其在生產、製造之長期合作關係之建立，更牽涉了工業財產權、智慧財產權等移轉之問題。所以對於技術移轉之規範，特別是「技術授權合約」(Technology Licensing Agreement)，聯合國工業發展組織亦有專案指引的提供，尤其對於開發中國家技術移轉中有關「技術」及「移轉」之問題，更有特別之研究報告，不僅有助於開發中國家在技術移轉時，尋求最公平的條件，且對於協調、規範移轉合約、建立有體系之架構上頗有作爲；而其協助開發中國家個案之技術移轉，增進移轉人與受移轉人間之目的與問題之瞭解與溝通，更有顯著之貢獻。

---

❶ Preamble: United Natlons Conference on an International Code of Conduct on the Transfer of Technology, "Draft International Code of Conduct on the Transfer of Technology", as of June 5, 1985.

該組織最重要的特性是：其所做之研究、調查，所推行之個案策略，大抵是針對開發中國家之需求，也就是以開發中國家之立場、觀點，尋求最有利於其經濟發展之技術，及在尋求合作對象，合約條款等方面，也大都以受移轉人之需求而討論並提供建議。另外一個特色是：其偏重之問題主要是關於「技術授權合約」之談判、草擬。這尤其在一九七三年出版之《開發中國家移轉外國技術之指引》中，更有詳細、明確之評估與指示。

第二節　已開發國家之現況

已開發國家，或稱工業化國家，在技術移轉扮演的角色上，通常為移轉人或輸出者的地位，尤其在對開發中國家，幾乎更是如此；而其技術輸出的方式，或透過其本國政府之各項援外計劃進行，或經由國際組織之金融、經濟、科技之開發計劃，配合實施，而在私人企業，尤其超大型之跨國企業之技術移轉，則可說為主導。

而已開發國家相互間，或基於技術互補之需求，或基於國際分工的原則，或因策略結盟 (Strategy Alliance) 之關係，其相互間的技術交流之合作，在近幾年來，更有增加之趨勢。而其與開發中國家間，純為技術輸出者之地位，也因新興工業國家技術昇級，研究發展 (R&D) 之能力加強等因素，亦有逐漸轉向之情形。亦即開發中國家也被逐漸要求開放其技術發展成果，或與工業化國家共同進行有關之技術合作事宜。

在已開發國家中，其技術之先進，經濟之高度發展者，首推西歐諸工業化國家及美、日兩國，尤其後者，在二次大戰後，由原來之技術輸入國，已逐漸形成今日國際經濟舞台上的重要成員，而其技術之研究、開發成果，也已與美國、西歐鼎足而三。

(一)歐洲共同體 (Europe Community)

歐洲共同體成立至今,十二個會員國之間已逐漸產生共識及一體感, 而距離其歐洲聯邦 (United States of Europe) 之理想雖有一些仍須克服的問題, 但在有關經濟問題之解決方面, 已逐步達成; 尤其在一九九二年歐洲大同盟已爲時不遠, 及國內產業界與歐洲日形密切之際, 其有關之發展, 實值得密切注意。

在羅馬公約中有關的規定, 可說是共同市場中規範「技術移轉」最有相關之法律, 從商標、專利到營業活動、產品銷售及反托拉斯等, 均有其適用。以下就最近在國際技術授權執行協會(LESI—The Licensing Executive Society International) 上所提出的幾個比較重要的問題加以探討。

(1) 有關產品責任: 有關ＥＣ產品責任指導規範, 在一九八八年七月三十日開始施行, 相關國家也進行立法採行, 以規範產品之安全責任問題。依據該規範規定, 所謂製造人爲將其商標、名稱或顯而可區分之標示置於產品, 而表明其爲製造者均屬之。因此授權移轉人(Licensor)若將其所有之商標或與受移轉人之商標同時置於其產品, 則將被視爲產品之製造者。在此規定之下, 則授權人與受移轉人間應共同負擔產品責任之危險; 但相對的也因爲該規定, 授權移轉人, 在技術移轉生產之過程, 其要求介入、監督、指導之情形可能因而增加, 且在合約條款中, 關於權利金計付之標準, 可能會因而提高。尤其該指引, 並未如羅馬公約中有關條文, 適用於非共同體會員國與會員國之間或單一會員國國內之規定。因此其將來之發展, 可能造成與非會員國間之技術授權合約, 也將有一致適用之情形。

在該規範之影響下, 技術授權合約, 可能會有如下之變更, 也就是爲減少產品責任之危險負擔, 所做之轉嫁措施:

(a) 受移轉人 (Licensee) 選擇之更加嚴格: 由於產品責任之賠償責任, 在西歐國家相當重視, 因此移轉人在選擇合作對象時, 可能將著重過去的經驗、技術能力之配合、生產環境之考慮、以及銷售區域（尤其銷往歐市之產品）。

(b) 產品生產之監督更加嚴格: 爲保障產品之安全無虞及其品質之無瑕疵, 授權移轉人將因此更加深介入產品之生產、規劃、研究、發展之流程, 雖然在生產過程之監督並不爲過, 但若因此而假藉參與, 介入受移轉人之研究、發展過程, 則將造成商業機密、技術研發之外洩, 因此受移轉人宜加強注意要求其介入之對象, 僅以原授權產品之改良部分爲限。

(c) 銷售區域之限制: 歐市爲該規範直接適用之地區, 因此在技術移轉產品之銷售地區, 爲避免造成危險負擔之增加, 移轉人可能轉而要求限制回銷歐洲共同市場。卽使如此, 由於規範中並未指明受害人是否僅有歐市國家之適用原則,因此一些歐市廠商可能將轉而以其海外,尤其在開發中國家之子公司或關係企業爲技術授權之移轉人 (Licensor), 以圖規避。因此, 其技術移轉能力, 或技術人員之資格, 是否會因而影響所移轉技術之品質, 受移轉人亦應一併考慮。

(d) 權利金之計算或出口附加價款: 由於其負有共同之賠償責任, 因此在權利金之計算時, 該將來可能之危險負擔成本, 是否將要比例性或象徵性地計入; 因權利金計算, 並無客觀之標準, 實難認定, 受移轉人應比較其他之受移轉人或以前之相關技術移轉。另外則對於出口附加價款之規定, 可能會因而增加, 且可能對每一出口銷售的產品, 均以某一百分比計入。

(e) 產品責任直接由受移轉人負擔: 雖然歐市規範中明定產品責任賠償由雙方共同負擔, 但移轉人可能要求在合約中載明: 「有關產品責

任之賠償，由受移轉人負擔，若因移轉先予賠償或比例賠償，其賠償之金額，移轉人得向受移轉人請求之。」受移轉人固不能免除其責任，但因以可歸責之事由爲限；但若因原始設計或技術移轉之過程中，可歸責於移轉人之事由者，則應由移轉人自行負擔。

(2) 在技術授權合約中限制條款之同意訂定：依共同體委員會 (EC Commission) 有關之決定，提及關於一些限制條款，將准予載入合約中，且並未違反羅馬公約第八十五條競爭禁止之規定。這些限制條款包括：

(a) 保護、尊重所授權之技術、資訊材料、Know-how 之機密性。因此雙方當事人可自由訂立「保密合約」(Confidentiality Agreement)，但其保密之對象，似乎應僅限於該技術及其相關之改良部分，且雙方均應負有相同之保密義務。

(b) 再授權 (Sublicenses) 之授與須經過原授權移轉人同意。

(c) 受移轉人應將其發展、改良之技術免權利金，授予原授權人。這卽所謂「反授權」(Grant-back) 之規定。在一般之技術授權合約 (Licensing Agreement)中，由受移轉人開發、改良之技術固可授予原移轉人，但卻多爲以權利金支付而取得 (Royalty-bearing-grant-back)；且其改良反授權，應以與原技術移轉有關者爲限，若爲受移轉人所獨立發展者，實不應有此限制。歐洲共同體卻對該二者未依一般原則另行規定：卽在前者爲「免費反授權」(Royalty-free-grant-back)，在後者則未明確說明該改良 (Improvement) 何所指？實易生疑惑。但同樣的移轉人亦有此義務。卽：

(d) 移轉人應將其自行發展或另行取得之技術改良，免費授予受移轉人。

(e) 絕對授權 (Exclusive Licensing) 製造該產品，及絕對授

權之銷售區域 (Exclusive Right of Sale of Products Within Certain Territory)，共同體所決定之時間爲與合約期間相等。

另外關於限制條款之訂定合法與否，共同體在決定准許之前，其對雙方間之合作關係極爲重視，卽技術移轉之得有某些限制條款之規定，端視雙方當事人間，是否基於合作、促進科技之研究、發展，若僅爲商業利益之結合，或因而削弱共同體內企業相互間之競爭關係，而有市場壟斷或市場過於集中之情形，則並不符合羅馬公約之精神。另外該移轉技術或雙方當事人所發展之技術，是否具有提昇共同體之技術，及促進研究與發展，亦爲其觀察之重點。

(3)限制銷售區域之無效：「隔離條款」(Severability Clauses)之規定，因而限制或影響在共同體內之競爭性，則可能面對共同體有關競爭法律規範的制裁；也就是在技術移轉合約中有關產品之銷售之規定，限制其銷往歐洲共同體之其他國家時，則其將違反羅馬公約 85 條有關競爭規範，因其消極而言，其有減少競爭或反競爭的結果或目的存在；而在積極之認定上，並無促進產品之生產、銷售，或技術及經濟之發展；而該認定則是以對共同體消費大衆是否有其公平性而言。

(4) 授權加盟 (Franchise) 規範：該規範將使有關之授權加盟，免於受羅馬公約85條之限制。a.非競爭性之絕對區域的准許；　b.有關保密限制合約之准許；　c.對於轉售價格之制定；　d.品質、名譽之保護措施；　e.對於加盟者間相互銷售之禁止。

(二)日　本

日本現在已是高度工業化的國家，其進步科技對工業成長扮演重要角色。但在一九五〇及六〇年代，日本卻是透過技術授權移轉，取得國外科技之淨輸入者。其爲此而支付之權利金，更可能超過所有的工業化國家，及目前的開發中國家。

這整個趨勢的轉換，可說始自一九七〇年代，其技術的輸出逐漸增加，而其國民生產毛額也自此開始快速成長，如今已僅次於美國，而名列自由經濟國家之第二位。

目前可能適用規範技術移轉之有關法規大致有六類：

（1）涉外民事法規：主要規範涉外契約間之法律適用及其救濟及程序法。

（2）民法。

（3）專利法、商標法及設計法等：依各個技術移轉性質之不同而有其分別之適用。

（4）外滙及外貿管制法：其主要是對於進口技術中有關外滙、進口設備等之規範。

（5）反專賣及公平交易維護法：其主要規範因技術授權合約中所生利用專利權之壟斷行爲及不公平之交易競爭等行爲規範。而本法中另規定：所有的國際技術授權合約，均須向公平貿易委員會提出申請登記。

（6）營利事業、個人所得稅法及有關之條約：其目的爲規範雙重課稅或其逃避。除與日本有訂立雙重課稅條約之國家，依有關條約辦理權利金課稅事宜外，其餘國家之公司、個人、組織等，關於權利金課稅事宜，一律依營利事業及個人所得稅法之規定。

至於所謂「技術授權」，依有關法律規定，其爲有權生產、製造專利權之發明或設計，或有權於產品上使用已經登記之商標。由於有關法律之保障，其將較當事人間互相之約定，較有實質的意義。

至於關於合約之訂定，並無一定形式之要求，不論口頭或書面之技術移轉合約，一般均非經登記即生效力；然而在絕對授權合約，則須向有關機關登記後，始有效力。因此非經登記，縱使移轉人授予「絕對授權」，受移轉人除對移轉人外，並不得以合約而主張對抗第三人。而關

於合約之期限則適用民法有關規定，若無期限，雙方得經預告通知後終止之，終止後雙方卽無有關之權利、義務。

移轉合約之登記，雙方當事人應向日本之專利局共同提出申請，但若當事人在合約中約定，或技術移轉之授權人以書面向受移轉人表示，受移轉人得逕行登記之申請。但關於撤銷登記或因合約期滿而終止登記等，雙方當事人則仍需共同提出申請。

國際技術授權合約，依外滙及外貿管制條例之規定，在任何技術進口之前，所有之合約均須取得日本政府有關機關之核准。文件之提出及向公平貿易委員會申請核准。

至於其有關商標、專利及 Know-how 之規定，則分述如下：

(1) 專利權：有絕對授權及非絕對授權兩種。其採登記主義之結果，則先申請登記者，取得專利權。

(2) Know-how：日本已採行一九六五世界智慧財產權組織之規範原則。但目前仍無明示之法律救濟，不管是在刑法或民商法，或關於錯誤之使用、濫用，均無明確規範。

(3) 商標法：適用已登記或未登記商標，交易名稱等。而商標權若經登記者，則以「註冊商標」而予以保護。而未經註冊登記之商標，則不能排除第三人之使用，且縱使已經申請，卻未核准註冊者亦然。另外，日本關於 Service Mark 或交易名稱 (Trade Name)，並無登記制度；但若已是家喩戶曉者，不公平競爭禁止法得授權該所有人，禁止他人使用該標記。

(三)美　　國

美國在幾十年來可說在大部分之產業都是技術輸出者，而近來，因日本及西歐之技術發展，已有部分超前美國，因此美國在與國外技術合作之情形亦已逐漸增加。

由於美國法律鼓勵競爭，而技術之移轉，在技術之使用及應用上，可能不利於企業之公平競爭，因此依據美國有關法律，有限度之限制技術之移轉，是被允許的。在一般法律中，最常見之限制有：授權期間、使用範圍、區域限制；生產量之限制；使用、生產、製造、銷售權利方面之限制；另外則是非經同意，受移轉人不得任意再移轉或將權利讓渡給他人。至於有關反授權（Grant-back)或相互授權（Cross-licensing)，因其一則以可以分攤研究發展之風險，另外受移轉人，因移轉技術，而有所改良，或依該技術而爲創新時，其更應回饋，所以美國法律認爲是合理。

另外有關國際技術移轉中，美國最爲關心之問題，則爲先進技術之流失，一則以產品之直接出口利益，遠大於權利金，另則因高科技牽涉激烈技術競爭及國防安全考慮，技術移轉都易對其造成負面影響，因此美國對於高科技之技術輸出，已逐漸採取較嚴格之出口許可管制。

第三節　開發中國家或地區之現況

開發中國家大抵爲技術之輸入者，但有些國家之作法，如韓國，值得借鏡、學習。而我國由於經濟發展，向外投資也就增多，相對的一些自行發展或引進改良的技術，也可能伴隨輸出，因此對於可能投資或較有利於投資之地區如：菲律賓、泰國、中南美洲，國人實有多加瞭解之必要。另外九〇年代可能是共黨覆亡的時代，再加上政府政策之開放，國人前往東歐，甚至大陸投資之機會加大，該些地區之現況，也有加以介紹之必要。

(一)韓　國

1.外國投資

　　吸收外資法規定外資、授權、投資程序、獎勵措施及外滙滙出等。外國人投資之範圍並無很嚴格的規定，除了一些負面表列的項目：

(1) 由政府或公營組織所承擔之公共利益計劃。

(2) 有違公共秩序、社會道德之投資。

(3) 有違公衆健康、衞生或環境保護之項目。

(4) 其他依吸引外資法及其規則禁止之項目。

2.外資比例之限制

　　一般最低金額爲美金十萬元，且依各個投資計劃而定；但中小企業爲獲取國外技術而進行之合資計劃，其最低金額可減至五萬美元。至於外資之比例或限制項目，將逐漸消除，尤其在以下所列項目之投資：

(1) 高科技之投資合作。

(2) 跨國性公司在其海外公司擁有百分之五十以上股權，且具有優勢性技術或營運者。

(3) 將來有增加投資金額且現在在韓國投資比例較少者。

(4) 自由出口區 (Free Export Zone) 之產業；特別指電子及機械工業。

(5) 可促進出口之產業。

(6) 具有大量投資金額、高科技專家等之產業。

(7) 免於享受投資優惠者。

　　韓國也採行逐年降低外資比例之限制，因此要求在未來，外資應逐漸降至百分之五十以下之所有權。

3.技術授權移轉

　　外國技術之引進，由於政府之積極鼓勵下，已在近幾年有著快速的成長，這其中以日本占所有技術移轉之百分之五十四最多，其次爲美國的百分之二十四，及德國的百分之五。而以產業別區分，機械工業占

百分之二十八，電子及電器產品為百分之二十，石化工業亦有百分之十六。而這技術移轉，大都與外資合作下進行，其以非投資性之技術授權而移轉者較少。

(1) 相關法令：韓國政府為引進更複雜及高層次的技術，乃在一九八三年將其吸引外資法加以修正，因此關於技術輸入及授權更加自由化。新法僅要求將輸入之技術向財政部報備即可，並不須任何事先之批准，但是關於技術中之 Know-how 部分，財政部仍有審核之權力。除此之外，則為權利金之滙出，其因仍牽涉到外滙管制條例的影響，所以仍須獲得有關當局的核准。

其專利權則止於終生。而有關技術移轉合約之期間，在重工業則以十年為限，但一般民生消費品，政府則較傾向於短於十年。另外「專賣管制及公平交易法」中規定，若有下列情形，其技術授權將予以限制禁止：

(a) 要求受移轉人向移轉人或其指定之人、購買原、材料或零組件等。

(b) 對於技術使用範圍或銷售區域，有限制規定者。

(c) 限制銷售代理人或經銷商，銷售量及價格訂定之限制。

(d) 禁止受移轉人使用或銷售競爭產品或利用競爭技術。

(e) 單向要求受移轉人提供其改良或創新者，而移轉人並不負此義務者。

(f) 期間屆滿後，要求限制其使用技術，或返還有關之技術資料者。

(2) 商標授權：韓國一九八七年修正之商標法，准許移轉人與受移轉人間自行約定並向韓國政府申請之商標授權合約，而不管其他政府是否核准。因此在韓國專利局有紀錄之商標授權，為該授權合約有效之要

件。受移轉人未將商標授權合約先行登記，則其使用縱使註冊之商標，亦屬違法，且第三人可因而請求撤銷。

受移轉人無權再授權與第三人，且因其使用商標，應負責免於大眾誤認或混淆原來產品及其品質。

另外商標授權合約，若有以下之限制時，將視爲違反公平交易法：

(a) 限制原、材料或零組件之採購來源或地區。

(b) 銷售區域之限制。

(c) 行銷通路或價格訂定之限制。

(d) 競爭產品使用、銷售之限制。

(3) 權利金及費用支付：因「自由化」政策之執行，權利金等已大都可由雙方當事人自行議定，而無須政府之核准，尤其指權利金爲淨銷售額之百分之十以下者。而權利金支付並非一定須依淨銷售額而定，例如現代汽車與日本三菱汽車間之技術移轉，生產汽車柴油引擎，除支付一億六千萬日元外，另以七年內每一引擎支付一萬日元計算。而東新食品公司與美國 Pizza Hut，關於速食店經營之技術支援，除支付二十萬美金外，另在五年內以淨銷售額百分之三計付權利金。

(4) 權利金外滙滙出款：依據韓國外滙管制條例規定，外滙滙出應先取得外滙銀行或韓國銀行之許可，且須於申請中載明滙出外滙之原因，及其所從事之業務行爲；且該申報，須於每次申請滙出時，均應提出。也因其複雜繁瑣，技術移轉多伴隨合資企業進行，並視爲其投資合約之一部分，且在合資企業正式運作前，多先要求受移轉人申請支付權利金所需之外滙。

另依外資吸引法之規定，權利金之支出可享有五年免稅之優惠，但該優惠僅限於高技術層次之移轉。一般消費品，尤其在純商標授權，或伴隨簡易之技術協助之商標授權合約，則仍須課徵百分之二十五的稅，

除非能證明該民生消費品之技術移轉，有助於提昇國家之技術水準。

(二)泰　　國

1.法律及行政命令之限制

　　技術援助之合約或技術授權，一般不需有關當局之核准，但有關合約及附件，均須以書面做成，並向商業註冊部門申請登記。而產品若為「工業標準條例」所規定者，則其生產工廠及產品必須經檢驗合格者，始可進行製造或銷售；另外若欲享有獎勵投資之優惠者，並須先經投資委員會之審議許可。至於有關之技術授權，並不得妨礙泰國本土工業、手工製造業及農業或商業之發展。

2.權利金及費用支付

　　大部分之技術授權權利金支付，在簽約時須先支付部分，另則依銷售之一定百分比，計算每月應支付之金額；且移轉人應負責提供有關之訓練及支援，而其改良部分亦須彼此互相享有。

　　由於泰國亦有外滙管制之規定，其權利金或其他費用之滙出，則仍須經過泰國銀行之核准。也因此，大部分之技術移轉所生產之產品，以外銷為主要目的，或以能提昇其產業競爭力者為首要。至於像加盟店等民生消費產品，且多屬內銷性質者，每月須支付營業額百分之四左右之權利金，形成泰國政府財政上之負擔，更未創造外滙收入，所以已引起泰國政府嚴重的關切。

3.專利、商標之保護

　　專利權僅授與泰國人民，或與泰國有專利互惠之國家。若同一天申請相同之專利時，則由政府有關機構決定，授予共同專利權。但不論其商標、專利或著作權之保護，均不完善，尤其在電腦軟體及錄音帶，其仿冒品處處可見。

　　但自二年前起，新的智慧財產權法已制定，其適用電腦軟體、錄影

帶等之著作權，並經由世界智慧財產權組織的協助，制定新的商標法。新法律對於相關智慧財產權之保護，雖然較以往周延且罰責加重，但在執行取締及損害賠償之救濟方面，仍欠積極，且多由受害人負舉證責任，實難取得合理之保障。

(三)菲律賓

菲律賓並無特別之法令，就技術移轉或其授權加以規範，但一般而言，所有的技術授權合約均須向有關機關申請註冊登記，而該登記之手續，也是使技術授權人得以請求滙出權利金之必要條件。

「技術移轉委員會」(Technology Transfer Board)，是規範所有技術移轉之政府機構，其組成為：

—— 國家經濟發展局

—— 菲律賓中央銀行

—— 國家科學發展委員會

—— 技術資源中心

—— 投資委員會

—— 菲律賓專利局

由以上之組成可知，該機構主要負責審核合約中有關法律、技術、經濟、財政等問題，以期與政府之政策相配合。至於該機構則具有以下之功能：

(1) 制定政策以為政府對於技術移轉形成跨部會的，且具有規範性的整體適用依據。

(2) 發佈與技術移轉相關之政策性或指示性之命令規章。

(3) 建立經由各部門間協調並具持續、一致之技術移轉制度，以利於國家發展。

此外有關權利金之計算、金額，限制企業活動不准許，如：限制出

口、銷售區域，原、材料之來源等，該委員會都有其規定。

而在商標授權方面：若未伴隨著技術或經濟的利益者將不准予移轉。

菲律賓亦有公平交易法，其主要內容分述如下：

(1) 限制或免除自由競爭之條款規範於合約時，則有壟斷的情形，為法律所不許。

(2) 禁止人為的價格操作，而影響自由競爭。

(3) 不合理的提高進口價格。

菲律賓因其長期以來，與美國關係之密切，因此其對於有關技術移轉，牽涉反托拉斯之情形者，大都與美國法律有某種程度的近似；但實際執行上之作業，則受各類因素影響，實難有一明確的標準。

此外，菲律賓因政局不穩，社會不安定，而造成技術勞工的短缺，另外財政之問題，亦造成外滙短缺，因此進行技術移轉之合作時，不可忽略這些問題。

(四)中南美洲國家

提到中南美洲，很自然想到一個政變頻仍、外債高築，但卻資源豐富與百姓樂觀的地區。由於長期以來與美國關係之密切，因此美國之投資，也可說占絕大部分之外資。而中南美洲亦有如歐洲共同體類似之「安地列公約」(Andean Pact)，其中與技術移轉有關者大約如下：

(1) 外資逐年減少，以使本國企業成為過半數股權。

(2) 公約成員國間財貨之自由流通。

(3) 無體技術 (Intangible Technology)，如 Know-how 權利金支付之禁止。

(4) 關於合約之解釋、說明及爭端之解決應依當地國法。

另外雖然此地區國家眾多，但有關法律卻有一些共通的特性：a.有關技術授權合約須經申請核准；b.外滙滙出之嚴密管制。這在後者尤其

令外來之投資或移轉人覺得限制太大。

　　總之，中南美洲豐富的自然資源，確實吸引了許多的投資者；但其外債高築，通貨膨脹之居高不下，所造成嚴重之外滙短缺，以致在權利金之計算標準上有其嚴格之限制，且其難以申請外滙，確也讓一些工業化國家之移轉人望之卻步。

(五) 匈 牙 利

　　近年來，東歐共黨政權之分崩離析，乃相繼地尋求西方工業國家之投資、援助及技術移轉，尤其匈牙利在技術移轉上，更對其工業之振衰起弊，扮演了重要角色。

　　技術移轉仍須取得政府之許可，但其規範卻並不嚴格，且申請都會許可。政府明白只有互利的情形下，才能取得良好的合作關係，因此在權利金之計算、出口限制等規定，匈牙利政府做法尚稱開通，甚且遠較一些開發中國家寬鬆。而當地的公司也有較大之自主性，進行合作對象或技術之選擇，因此公司本身須自行負擔絕大部分之風險，但政府有一「技術發展基金」提供作為技術移轉之經費。但技術移轉仍有一些問題仍待克服：

　　(1) 有關之原、材料或成份，國內並不存在，或並無生產，或品質較不符合移轉技術之品質要求，因此有些原料須從國外進口，因而提高生產成本，進而減少產品之競爭力。

　　(2) 外滙短缺及進口限制仍有待克服或解決。

　　(3) 由於長期受共產經濟體制之影響，其整體之效率及市場經濟之觀念有待提昇及加強。

　　(4) 國內對於外國技術移轉仍有歧見，不少人認為引進之技術多為過時或陳舊者，不如自行進行研究、發展工作。

　　(5) 國際間出口管制之協定，造成許多的高科技無法進行技術移轉。

(6) 國際性金融機構等應配合提供經濟開發貸款或商業性貸款。

(7) 匈牙利本國法律關於出入境之手續應行簡化。

因此，在目前的情形下，合資形態的技術移轉，可能較適合。一則以國外資金之引進，可以減少機器、設備取得之困難，更較易獲致國外之貸款援助；另外外國企業之直接參與經營，更有助於提昇其對自由經濟體制之瞭解，並可間接促成生產力之提高，經營、管理技術之同時引進；而在國際市場之競爭能力，也因跨國公司之合作參與，應可相對加強，尤其透過跨國公司無遠弗屆的銷售網路，其產品之銷售應可將市場打開。

(六)中國大陸

近年來，因對大陸間接貿易之開放，及國內企業以海外子公司等型態，轉口投資於大陸之情形日益普遍，尤其在設廠生產之際，難免發生技術移轉之情形。但在分析其有關「法令」「規章」前，仍須提醒臺灣之企業界，在大陸投資設廠，最重要的乃是取其互補或合作之關係，千萬不可形成彼此競爭的情形，否則易造成商業利益的輸出，甚至根基亦不保則得不償失。而對於具有競爭力或較先進之技術，則應確保不因投資而流入。

自一九七九年，大陸頒佈「合資企業法」以來十年間，有關之規定紛紛出籠，不下五十餘種有關涉外之經濟活動之規範，其目的無外乎藉以吸引海外資金、技術，以提昇其經濟力及技術發展。但由於其本質仍未脫離共產社會中央集權及計劃經濟之特質，所以縱使「法令」多如牛毛，其間卻缺乏法律理念之架構，甚且扞格不入，造成國外投資者之不便。

有關技術移轉之規定，首見於一九八五年之「技術進口契約管制規則」，其後更有「技術進口契約檢查核准程序」，但其與「合資企業法」

仍有疊床架屋之情形，頗令投資者迷惑，而其語意之主觀，更令人無所適從。

例如「合資企業法」第五條規定：「技術」須「眞正進步且符合適當的需要」顯現其自我衝突。也就是說，符合其需要「適當的」技術未必「進步」；而「進步」之技術也未必符合其需要。但不管如何，「進步」的技術才可能批准且享有特別之優惠。因此技術移轉人須想辦法讓有關人員了解，技術是「適當」且「進步」而符合其需要的。另外出口導向之企業爲其所需要，且可優先享有水、電、交通、通訊等與生產、營運有關之設施。至於何謂「出口導向」則以其產品之百分之五十以上外銷爲標準。技術移轉更應具有a.發展新產品；b.擴張出口；c.代替進口產品；d.提供國內短缺物資之目的。

「技術進口契約管制規則」適用於專利權、工業財產權生產流程、處方、產品設計、品管、管理等之技術授權，且適用於技術服務之移轉。但合資企業有關之技術移轉則適用「合資企業法」。此外在合約中不得有「束縛條款」之規定，例如原、材料之來源，銷售區域、價格，或限制取得使用競爭產品、技術等。其條文規定：「技術移轉人不得強迫受移轉人接受具限制性質之不合理條件。」因此合約中有關約定與該「規則」牴觸者無效，除非有特別之許可。

「技術移轉保證」，例如在「經濟特區技術移轉規則」中要求合約所定之技術，須達成其移轉，否則應負賠償責任。且須「保證爲合法之技術所有權，且完全、有效、無錯誤的獲得合約所定之目的」，因此移轉人應謹愼訂定合約，尤其移轉之範圍應愼重考慮，且明確規範，以免除不必要的責任。

「保密條款」指雙方合意之範圍及期間，且須成爲合約之一部分；而保密部分指技術機密，未向外公開之內容，而須謹守保密之人員爲相

關之職員，但第三人未經授權取得該技術機密而公佈者，並未有任何賠償責任之規定。至於違反合約之損害賠償，則很難獲得有效且及時之救濟。

「核准程序」指所有進口技術均須經過批准，包括四個部分：a.檢查、核准之確認；b.申請程序；c.檢查、核准之考慮因素；d.批准與否之效力。且簽約後三十天提出申請，六十天後回覆申請是否核准，若六十天後並無回覆則視爲自動生效。

「契約中須載明之事項」：a.進口技術之內容、範圍及必要說明，若有專利、商標須附表列明；b.移轉之技術目的及達成之方法、時間；c.權利金及其支付方法。而其期間須與受移轉人能適當的接受之期間相當，但非經許可，不得超過十年。合約之修改、延長須符合上述所有之規定。

至於其他如外滙管制之問題，甚至在政治及社會之動亂，都是值得國內投資者三思而後行之因素。

參考書籍期刊

1. Arthur Taylor Von Mehren, *Law in Japan, The Legal Order in a Changing Society,* Harvard University Press.

2. Hideo Tanaka & Malcolm D. H. Smith, *The Japanese Legal System,* University of Tokyo Press, 5th ed., 1982.

3. Teruo Doi, *Law in Japan, The Protection of Well-Known Foreign Trademarks in Japan:* A Review of Present Cases, Vol-3.

4. Teruo Doi & Warren L. Shattuck, *Patent and Know-how Licensing in Japan and the United States,* University of

Washington Press.

5. Yoshio Kumakura, *Doing Business in Japan*, Zentaro Kitagawa Vol. 4 Chap. 6 Licensing, 1987.

6. International Business Series, *Legal Aspects of Doing Business in Asia and Pacific* Vol. 3, Kluwer Law and Taxation Publishers; West Publishing Co.

7. Business International Corporation, *Investing, Licensing, and Trading Conditions Abroad.* (ILT), March 1987.

8. Echstrom, *Licensing in Foreign and Domestic Operation.* Vol. 3, Clark Boardman Company, Ltd. Dec. 1983.

9. Pollzien and Langen, *International Licensing Agreement Second edition*, The Bobbs Merrill Company, Inc, 1973.

10 UNCTC, Technology acquisition under Alternative arrangements with Transnational Corporations: *Selected Industrial Case Study in Thailand*, ST/CTC/SER. A/6 Current Studies. No. 6. Series. A.

11. Department of Information, Ministry of Foreign Affairs, Inside Thailand: *The Economy*, 1984.

12. The National Identity Office, Office of the Prime Minister, *Thailand in the 80's*, 1984.

13. A. Golbert & Y. Nun, *Latin American Laws and Institutions*, 1982.

14. Leavy, *Latin American Laws on Transfer of Technology*, 3 Inter Amer L. Materials (Summer, 1987)

15. Morawetz, *The Andean Group: A Case Study in Economic Integration Among Developing Countries*, 1974.

16 *Les Nouvelles*-March, 1985 & March, 1986, 1988.

17. *The Licensing Executive Society International: Les News,* June 1987.

第三章　技術移轉合約

規範技術移轉雙方當事人之權利、義務，應適用之法律，及有關之救濟程序，期滿後之法律關係等，可說是技術移轉合約主要的內容。而在國際技術移轉，其所牽涉之法律體系可能很多，但依契約自由原則，及爲促進國際之交流等因素，一國之法律，縱使保護再週全，卻有時而窮，因此契約之精神、內容條款，反而成爲眞正規範雙方當事人之主要依據。因此在商議、談判、草擬合約過程，雙方當事人，尤其受移轉人更應深思熟慮，以免日後造成無法彌補之缺失。

但因技術移轉之項目繁多，且牽涉之技術層面相當廣泛與深入，而各個合約之性質、內容、目的亦有所別，所以也很難尋求一特定之模式而一體適用，所以當事人應集思廣益，博採諮諏，更須參考過去或他人的經驗，以求得最公平也最有利之合約。

本章各節所述，乃依一般技術移轉合約中，所最具共通性、爭議性，或法律性之問題提出探討，並嘗試擬就可供選擇適用之條款，而最後一節更以提綱挈領之方式，羅列出合約之項目準據，以爲參考運用。

第一節 簽約前的考慮及選擇

(一)目的性及原則性

技術移轉均有其階段性或全程性之目的，在談判時應考慮是否符合需求，這包括如下幾點:

(1) 確保移轉之技術能爲受移轉人所吸收運用。

(2) 當地資源須能充分利用。

(3) 確保改良、應用發展之能完全移轉。

(4) 雙方當事人之特定保證責任（如保證移轉目的）。

(5) 任何有利、不利之資訊、因素均應完全提供。

(6) 儘量減少不必要的限制條款。

以上是從受移轉人之觀點出發,若以移轉人之立場,則又有所不同:

(1) 確保市場、商業利益之延伸、擴展，或至少維持。

(2) 確保產品品質及有關智慧財產權權益及其他權利。

(3) 確保權利金之回收。

(4) 反授權 (Grant-back)

至於其原則性之考慮則有以下六個標準:

(1) 計劃性條款（預留底線）須爲雙方當事人可預期接受。

(2) 有關之條款須不違國家法律、命令等規範，且依有關規定得以執行、進行。

(3) 依國際貿易慣例，國際組織規章、公約，各國雙邊、多邊條約，國際技術移轉法律、規範等，在雙方當事人國家不牴觸其適用者，或不反對者。

(4) 其他有關之建議，學者、專家之意見、理論、實驗結果，爲一

般社會大眾所認可或不反對者，或為某特定產業、工業之習慣或不反對者。

(5) 其他特別原則（如依自然、地理、人文等因素而有因地制宜或因人、事、物等特別考慮）。

(6) 依契約自由精神，應可接受者。

由於目的性及原則性的考慮，乃是基於整個合約應有之方向而設計、斟酌，因此事前雙方當事人均應對有關之細節有所準備，尤其所牽涉之層面相當廣泛，最好成立一個特定之部門或專門委員會，以便資料之搜集、分析、評估，準備得愈週詳，面對問題時，才更有所依據，也可減少不必要之人力、物力及時間上之浪費，避免曠日廢時所造成之損失，尤其事前之損失更是得不償失；另一方面當事人（尤其受移轉人）也不可因其繁雜，而牽就對方，畢竟權利是靠自己爭取，而義務的負擔，也是因對權利範圍之清晰，才可接受認同。

(二)談判及草擬合約之成員組織

技術移轉牽涉著生產、製造、研究、發展、經營、管理、財務、法律等各方面的問題，並沒有任何一個專業人員或部門，能獨立完成作業，尤其合約文字簡潔，但卻須能涵蓋所有的權利、義務，因此分工合作，討論溝通，是每一個技術移轉為達成目的又能確保權益，所不可省略、避免之程序與步驟。

1.組織成員及其職掌、功能

技術移轉至少須有下列幾個小組，且至少須有一人以上之成員，而其職掌亦因其功能而有所區分：

(1) 技術人員或部門：「技術」是整個移轉之重心，包括技術之種類、性質、功能、及其適當性及進步與否，都是評估之對象，也唯有技術之專業人員才能負責。

而技術小組成員可分成企業內部人員或外聘顧問人員。前者由於對企業本身之條件、需求、相關配合措施較瞭解，所以應著重本身之考量，若無外聘人員，其另須負責非企業內部因素之評估，例如技術之過時與否，與國家經濟發展目的之配合、其他技術之提供、替代技術之來源等。而外聘人員除有評估外部因素外，另亦須對內部之條件提出評估。

(2) 生產製造人員：這指在製造業之技術移轉而言，生產是技術移轉最重要的過程，因此生產部門應負責瞭解與技術有關之生產事項，例如廠房、設備、生產流程、產量、產能、品質等因素之評估，而原、材料、中間媒介物等亦為考慮因素。

(3) 業務、行銷人員：產品市場、行銷網路、消費者或該產品之客戶、其他競爭對手、區域以及價錢等因素，為其評估之項目。

(4) 財務管理人員：關於成本計算、價格、權利金支付及付款方式、貨幣種類、財源配合等有關財務事項。

(5) 法律專業人員：包括對各相關國家法律、國際公約、多邊條約、智慧財產權、國際習慣、法律適用、救濟程序、損害賠償等之瞭解及最後合約條款之擬就及修改，甚至代表簽約等事項。

2.以團隊合作 (Team-work) 進行

當各分工之部分完成作業後，則應集體進行配合、溝通的工作，尤其每一小組之職掌，都有可能互相牽連的關係，有關疑問、觀點，應提出相互溝通，畢竟一個技術移轉，其牽涉或相互重疊的事項頗多，例如設備之購置，可能牽涉財務，而技術又須與生產能配合，而各種因素考慮，卻也仍須符合法律之規定等。所以第二階段乃是整合的工作，將各小組之研究結果，充分溝通後，擬就合約之大綱或草案，而這些草案，須有可轉圜的數種選擇性，並應有一底線的共識。當然這些草案，仍須

得到有最後決定權者之批准或授權。

3.合約之談判

　　第三階段的工作就是雙方當事人的商議、談判。一個最理想的談判組織成員也是包括上列各組人員，絕對不要以爲合約僅是律師之工作，雖然大部分合約的內容是與法律有關之權利、義務關係，但有許多技術細節，尤其牽涉專業技術之範圍，仍須由有關人員負責，法律專業人員只是在輔助之立場加以協調、協助。另外，也不可在缺少法律專業人員之場合進行合約談判之工作。尤其在涉外之國際合約，一般跨國性公司經驗豐富，其可能碰到之問題早已有對策，因此技術移轉弱勢之一方，往往較缺少臨場應變之能力，也往往因而喪失其權利或增加不必要的義務負擔；在有法律專業人員在場之情形，由於其較具邏輯判斷能力之法律素養，可以較冷靜的分析事理，尤其對於權利的保障，有較周延之考慮，另外其對國際法律或對方國家法律之瞭解，也可避免造成無效之合約條款制定。而在智慧財產權之相關規定方面，專業律師也才可能提供較具權威性之意見或對相關規定有所依循，特別是指當事人之權益保障方面。

　　談判人員之充分授權也是重要的因素，若無法有效的進行討論，而時時須向上級請示的話，不僅延誤時機，更易造成對方可乘之機。另外底線之確保不輕易外露，及各種選擇方案之準備，也是不可缺少的。當然這些都是現場的技巧問題，最重要的還是事先要有充分的瞭解，尤其對於對方之種種條件、狀況，應充分掌握，並事先演練；敵暗我明乃兵家大忌，合約談判亦然，尤其跨國企業，其對開發中國家之需求、條件更是充分瞭解。因此合約談判者應能充分掌握己方之有利因素，對方之不利條件；而己方之不利條件應有完全瞭解，並有可改善或尋求改善中之應對，如此才能削他方之氣勢，而增己方之威風。另外以退爲進，或

先有「退路」，如草案中之底線，或有其他選擇性、替代性之對象，也是談判中之籌碼。

另外談判中之語言、文字也是關鍵，若能取得本國語言之使用，則為最上策，否則亦須爭取本國語文為正式用語 (Official Language)，與其他語文有相等效力。因此透過翻譯之方式，一方面可確保己方意思之完全表達，另方面也可因翻譯時間而加長思考時間，或尋求應對。當然在翻譯之場合，應確保翻譯之品質，且己方仍應有該對方語文之表達、使用能力。而一般國際談判，以英文之使用頻率最高，因此談判人員至少須具有良好的英文溝通能力，而對於特定國家、地區之語文，亦須有該方面之專業人才；畢竟翻譯人員，在專業素養方面，甚至在專業用語之使用、表達，並不具有特別訓練；因此為減少不必要之錯誤，**實應有使用該語言之專業人員參與。**

第二節　合約的前言及定義

(一)合約之前言 (Recital)

所謂前言指的是關於雙方當事人、公司組織、地點、營業所或營業範圍之文字敍述，及其目的等：

(1) 當事人名稱：移轉人、受移轉人或其他再授權人 (Sub-licencees) 等。

(2) 公司組織：企業之型態，則其法定之名稱，如有限公司、股份有限公司等，應與有關法律登記文件上之名稱完全符合。

(3) 公司地點：一般以登記文件上之地點為主，有時亦以其營業所在地之地址定之。

(4) 營業項目、範圍：即關於當事人所經營、生產、製造、銷售等

之內容，依有關登記文件定之。

(5) 合約之目的：雙方當事人簽定本合約之目的、範圍，或使用之原、材料，移轉之技術等。

(6) 日期：包括簽定之日期、生效日期。

(7) 授權關係：移轉人願將其技術、智慧財產權等授權給受移轉人以生產、銷售……產品。

在前言中可能有的法律問題，其一為前言之法律效力，卽其是否為合約內容條款之一部分。一般而言，前言並無拘束雙方當事人之法律效力，尤其在其與合約內容有牴觸之情形，應以合約條款為準。但前言卻也不失有補充之效力，尤其在當事人及其適格、能力方面，因其他合約條款，並無此約定，所以應以前言所定為準。另外則是合約條款未規定，而前言中卻有載明時，亦可認為雙方當事人合致之意思表示，因此應有其法律效力較為符合雙方之利益。

其二為分公司簽約之主體時，應以該分公司或子公司營業之範圍有關之部分，才有其法律效力。因此移轉人海外之銷售部門與之簽約，並無法律上拘束之效力，因銷售部門或分公司，與技術或生產、製造，並無絕對之關係，且非其登記營業事項之範圍。

其三則為以公司某一部門為簽約主體者，這種情形應絕對避免，因公司內部之部門，並無獨立之法人地位。但合約最後之簽名者，則並非一定是其法定代表人，若授權其部門主管或代表 (Representative) 以其本人名義為之，應有法律上之效力。

其四則為與代理商簽約之效力問題，由於代理權限不明，代理關係、期間等亦難以查證，在技術移轉合約中是很難發生法律效力。

(二)合約的定義 (Definition)

為避免意義上之混淆、重複說明等，將可能重複出現之名詞或較有

爭議之文字，予以明確的定義，以爲雙方當事人依循、適用卻有其必要。定義中可能包含的項目如下：

(1) 移轉人。

(2) 受移轉人。

(3) 再移轉人 (sub-licensees)。

(4) 經銷商 (Distributors)。

(5) 代理商 (Agent)。

(6) 產品：包括生產之產品，其性質、品質、特性等。

(7) 技術：指合約中之標的、內容，及其特性等。

(8) 改良 (Improvement)：指有關技術之改良、創新等。

(9) 專利權、著作權、商標、Know-how。

(10)技術協助：須載明方式、內容、性質、範圍、時間、地點及其協助之方法。

(11)訓練：有關給予受移轉人必要之使用、生產等方面之敎育、訓練。

(12)有效日期：指合約開始生效之日期。

在定義中所列之名稱、名詞，最好以有別於合約其他文字之表示方法標示，例如：以斜體字、黑體字，通常是以大寫（英文合約）之方式表明，其後在合約中若有該名詞出現時，也一律與定義中所表示之相同方式出現，以免與其他使用同一文字，但卻有不同意義，或所指對象不同之混淆。

定義之內容，應詳細、清楚，必要時得以附表之方式列出，並附於合約之後，尤其在產品、技術或技術協助、訓練等方面，種類繁多、範圍深廣、內容複雜或有必要附說明書或證明文件之情形，所以附表之編製絕不可省。

定義有時並不直接列爲合約條款，而附於前言之後，因此其法律效力也易有疑問，爲避免這些問題，草擬合約時，應將「定義」直接歸列爲合約條款中，一般爲合約之第一條。

第三節　移轉人之權利義務

(一)技術之移轉及智慧財產權之授權

1.技術及有關 Know-how 之移轉

在技術方面，移轉人應將其最適合受移轉人需求其目前所有且最新的技術移轉給受移轉人。至於 Know-how，則爲如何使用該技術之能力，其應爲技術之一部分，且得應用於生產或使用設備等方面。由於其無明確之定義，且依各產業、目的而有不同。因此，合約第一條之「定義」中之 Know-how 爲關於該技術移轉之適用標準。但一般而言，其隨技術而來者，應包括如下之內容:

(1) 製造過程之知識、方法、資訊。

(2) 使用設備之方法、方式及對功能之瞭解。

(3) 對於其物理、化學等科學上之理論應用知識。

(4) 產品、生產之特性、方法等之分析。

(5) 原料、材料、應用媒介、中間產品、設備之特性、分析、運用、目的等。

至於其移轉之方式、地點、時間等，合約中均應明確載明，當然其可能須與有關之訓練、設備或技術協助一起進行，所以亦須配合其他之必要條件。但不論如何，移轉人須提供詳細之解說，並將有關之文書、圖表、藍圖等，以受移轉人可瞭解運用之方法，提供給其相關人員。若其具有機密性質時，亦得要求有關人員謹守機密。

而有時同一技術，可能有數個 Know-how 情形，則受移轉人可能須選擇何種,或移轉人願意提供何者；另外則是已經爲移轉人所適用者,也就是說有的還在實驗或試驗階段。一般而言，尚在試驗階段者，其實用性或是否有危險、缺點等難以確定，所以宜避免。

關於 Know-how 在法律上之權利地位問題，卻頗有爭議，這種屬於未可確知之無體財產權，是否得受保障？且是否如合約中所載的爲移轉人所有？因其未有明確之實體表示，可否有所有權適用；另外其未經登記，又可否對抗第三人。依據世界智慧財產權組織之規範 (Model Laws) 規定，對於濫用 Know-how 之情形，所有權人得向法院提起救濟，且該濫用者須有明知爲他人所有之情事時，始有適用。(參 WIPO Model Laws Section 204 (1)) ❶。但因該規範並非國際公約，並無法律效力，所以仍然應依各國法律而定。

2.智慧財產權之授權

(1) 智慧財產權之授權：許多的技術，包括電腦軟體，都已申請商標、專利或著作權之登記，因此移轉人應表明其同意授權與受移轉人使用、製造、銷售該產品，若該產品涉及兩個以上之智慧財產權時，則所有的相關智慧財產權均應同時授權，且在受移轉人製造產品之國家中登記註冊，而若因產品銷售至其他國家時，亦應在那些國家中註冊登記。至於有些國家法律可能限制非權利所有人生產產品進口者，授權人則應協助受移轉人取得其進口許可。但有時則可能因授權人已在其他國家授權他人生產製造，尤其在該國爲絕對授權 (Exclusive License) 時，則產品之出口可能因而設限。而此種情形，往往是移轉人限制出口之一種迂迴方式，即使在合約中表明並無任何之銷售區域限制，而其實質上

---

❶ 參 The WIPO, *Model Laws for the Protection of Unpatented Know-How*, Sec 204.

已是限制之一種。受移轉人則應在合約中表明若因可歸責於移轉人之事由而無法進行銷售時，應由移轉人負損害賠償責任。

另外則關於新智慧財產權之授予問題。一般而言，在合約存續中，移轉人若取得與該產品之生產、製造、銷售等有關之智慧財產權時，則應再將其授權與受移轉人。在此情形，由於受移轉人因資訊之閉塞，可能無法瞭解，而移轉人則也易以該智慧財產權與原生產產品並無直接關係而拒絕，甚至在合約中並不明白規定該新權利應如何處理，以確保其權益。而原智慧財產權有其一定之存續期間，其期間屆滿時，移轉人亦往往不通知受移轉人，且在合約中亦不明白表示。在該前述兩種情形，宜在合約中載明：

(a) 新智慧財產權：「在合約存續中，移轉人若取得與產品有關之智慧財產權時，應授權予受移轉人使用、製造、銷售……」。

(b) 權利期間屆滿：「在合約存續中，若其智慧財產權權利期間屆滿時，受移轉人應可免費自由使用、製造、銷售該產品。」

一般授權人都會要求在合約中表明，「授權」(Grant a Licence) 並非意味着所有權之移轉，其所有權仍屬移轉人。但其所有權之合法與否，受移轉人難以確定，所以應要求在合約中表明保證智慧財產權確爲其所有並在權利存續期間。否則遭受侵害時，難以求償，且若已過期，則受移轉人並無支付權利金之必要。

(2) 使用權或智慧財產權遭受侵害之救濟、賠償：在不可歸責於雙方當事人之情形下，智慧財產權若受第三人侵害時，知其侵害之一方，均應立即通知對方，而授權人則須採取任何之救濟程序，包括以訴訟方式進行，以排除侵害，而所有的費用，均應由授權人負擔；但受移轉人則有義務提供任何必要之援助，以排除侵害，但其協助須經授權人之同意，且其費用由授權人負擔。另外移轉人與受移轉人亦得同時或合作進

行有關之救濟程序；而在授權人同意或授權人怠於進行必要之救濟程序時，受移轉人得以自己之利益，或以授權人之名義，進行必要之救濟程序，其有關之費用，則仍由授權人負擔。

在可歸責於一方之事由，而致權利受到侵害時，他方應負擔所有之必要的費用；若有損害時，仍應負責賠償。

受侵害並經救濟後，其賠償除應補足其所支付之費用外，應就雙方所受損害之範圍，比例享有賠償之金額；但若可歸責於一方之事由，或授權人怠於行使其權利以進行救濟程序時，該可歸責之一方或授權人，應就其過失負責，並不得享有侵害人之賠償，或比例減少之。

另外有關於收益或利益之減少之情形，即因受第三人之侵害，而致受移轉人產品銷售之減少，或其他利益之損失等情形時，或其未來應有利益之減少，權利金之支付，應依該利益之減少而依一定之比例抵減。例如原來權利金若依其營業金額計算者，則可能較無影響，若依生產量計算時，或許應改爲依實際銷售之金額計算。

(3) 侵害他人之智慧財產權：授權人雖在合約中明白表示智慧財產權爲其所有，但若侵害他人之權利時，授權人應立即通知受移轉人有關侵害之事實、內容，並應自行承擔任何訴訟上或其他必要之費用。若由受移轉人得知該侵害之事實，或因而被訴時，則也應通知授權人，而授權人應負責進行任何有關之程序，並負擔費用。而受移轉人在其認爲必要之情形下，得參與任何有關之程序，並依法獨立進行任何抗辯。

因侵害他人權利，而須負賠償責任時，所有之賠償金額、方式均應由授權人負擔；若受移轉人爲其本身利益，而先支付有關之賠償金額，包括各種費用及權利金等，授權人應予以賠償，但已支付之權利金，受移轉人不得要求返還。

爲確保技術移轉之能繼續進行，授權人應設法讓受移轉人能繼續使

用、生產、銷售產品，或繼續享有原來授權之任何權利、利益，且並不因而增加成本；若因該侵害而致成為再授權 (Sub-license) 時，除不得提高原有權利金外，並應使受移轉人享有合約所規定之權益；若因而有減少權利金支付之必要時，授權人並應減少之。或者受移轉人得要求另行提供與合約目的、功能、性質等符合之替代性技術或智慧財產權之授權，並確保所有權之合法性，且無改原有合約之權利，而其權利金另行計算；另相關技術或 Know-how，或任何訓練、說明書、圖表、藍圖等並應提供且不得另行計算費用。若為使原技術移轉能繼續進行，而有修改合約之必要時，受移轉人應有權提出修改，移轉人並且不得拒絕，且該修改應以最有利於受移轉人之方式為之。

若因侵害他人之智慧財產權，致受移轉人無法享有合約之權利時，得要求終止合約，若有損害，移轉人並應負損害賠償責任。至於原已支付之權利金，移轉人則不須返還。

(二)技術之協助及訓練之提供

1.技術支援協助

技術移轉雖然有許多之書面資料以供受移轉人參考、運用，但整個技術移轉之過程，除了「施」與「受」的關係外，卻達成其目的則唯有透過「教」與「學」之過程。尤其在開發中國家，其技術水準低落時，更多的技術移轉，均須經由有關之支援協助才能完成。而協助之範圍、內容及人員大約有如下所列舉各項：

(1) 支援協助範圍：

(a) Know-how 及智慧財產權之使用。

(b) 設備之安裝、使用、保養、維修。

(c) 生產流程之進行、管理、監督、控制。

(d) 有關工業之設計、計劃。

(2) 協助之時間。

(3) 人員之派遣:

    (a) 工程、設計人員。

    (b) 技術人員。

    (c) 生產、製造人員。

    (d) 測試、營運、保養、維修人員。

至於有關之薪資、交通、食宿、醫藥及雜支等費用,一般須由受移轉人支付,但其計算標準,移轉人往往要求比照其國內給付規定,並以總金額,不分列項目提出。受移轉人應爭取除薪資外,依照其本地有關之生活指標計算;而薪資或技術援助費用,則應比照其他條件,如其他移轉人或其他受移轉人之情形,依最合理之方式計算。

2.訓　練

訓練所指乃爲確保技術之能爲受移轉人吸收、運用,且達到不須移轉人協助之情形下,而能使用、改良、修正,或解決可能發生之問題,爲最終目的。

(1) 訓練計劃: 有關之計劃應列爲合約之一部分,且得以附表方式表示,其目標以使受移轉人指定之人員能完全接受必要之知識、經驗、技術。且該訓練需在合約完全簽定前完成最好,若因此而須先另訂訓練合約時,則受移轉人應配合進行。

(2) 訓練地點: 一般以受移轉人之地點較合適,因其較能配合當地之自然、人文環境,並做必要之修正計劃;且由於實際參與之人員可能因而增多,而可接受直接之利益。但若須至移轉人地點時,其費用由受移轉人負擔。

(3) 訓練方式: 以課堂講授、影片教學、現場指導等配合進行,最爲理想,另外除有關理論、操作、運用外,最好有模擬狀況之提供(如:

問題發生之應變、解決)。

(4) 訓練時間: 依各產業、技術別而定。

(5) 受訓人員: 幕僚作業人員、現場操作人員。

(6) 訓練人員: 須有能力完成整套技術移轉目的之有關人員參與。

(7) 訓練目的之保證完成。

(8) 訓練守則之遵守。

(9) 受訓人員應有之技能、知識、經驗、學歷、語文。

(10) 訓練費用: 一般由受移轉人負擔。

(11) 訓練成果驗收、測試。

(12) 合約期間其他必要訓練之提供。

(三)原料、材料及重要零組件等之供應

在製造業的技術移轉，其產品之生產、製造，可能需要原、材料、零組件或相關之成份（Component）之運用，而這些原料等一則以供應來源可能難以取得，另則以或由移轉人所自行製造，因此受移轉人在取得該原料等之方式上，可能難以掌握，且或須依賴移轉人之協助，因此為確保來源及供應以利技術之移轉，移轉人應有以下之義務:

1.來源或供應之無缺

生產原、材料、中間及媒介品，或零組件，及其相關配合生產、製造、使用之產品等，關係著技術移轉之成功與否，因此移轉人應確保其於合約存續期間繼續供應該必需之材料。

若所需原、材料並非由移轉人所製造或所有時，其有關之來源，並應提供給受移轉人，並確保其供應之無缺；若其來源有多數情況時，並應與受移轉人協調，指導其選擇最有利於技術移轉所需，或最有利於受移轉人之條件、需要者。

2.有關品質保證、特性說明及必要之注意事項

如同技術移轉般，其所需之原、材料等，若爲移轉人所供應，或依其指示來源而取得者，其品質應有保證無瑕疵，且適合受移轉人之條件、需要，並有利技術移轉之順利進行。

至於該原、材料之特性、使用等，爲技術移轉之目的，或爲避免運用之過程、結果有危險之發生，移轉人應給以必要之解釋、說明，若有技術援助或訓練受移轉人之人員者，亦應一併提供；另外有關必要之說明、證明書類或保證書等文件、圖片、影片、磁帶、軟、硬體設備，均應提供給受移轉人。

3.最優惠於受移轉人 (Most-favored Licencee) 供應價

供應價錢之最優惠條款，須不得高於相同或相類似情況下(Similar Materials Under the Same Terms and Conditions) 其他受移轉人之價錢；若其他移轉人有供應相同或相似之原、材料等時，亦不得高於其他移轉人之供應價；其價錢顯然不合理時，依受移轉人之要求，應予以降價；若有其他供應來源時，受移轉人並得選擇其他供應來源。

若該原、材料並非移轉人所有，而購自其他地方時，移轉人不得轉售圖利，其來源應告知受移轉人以利其直接取得，或以其成本價加上必要之費用後出售。若該原、材料爲移轉人所自行生產、製造者，移轉人亦應以其成本價出售。

4.「束縛條款」(Tie-in Clauses) 之禁止

若有關之原、材料等，其來源或供應，並非僅移轉人所有時，受移轉人得向其他來源尋求供應，移轉人並不得以限定向移轉人採購，爲技術移轉之條件；若因品質確保所需，而須限定其採購來源時，或因其他特定原因，而有限定之必要者，移轉人應提出其必要之說明、理由，以供受移轉人評估。

這些條款之規定，可能有助於受移轉人取得最合理價位之原、材料，

並因而降低其成本支出，但受移轉人仍應多方搜集資料，一則以尋求是否有其他之供應來源，以避免過分依賴移轉人，而終至受其控制，另外也可瞭解市場行情，尤其一般國際價位（如期貨市場），以求公平合理。

(四)產品改良或技術改良之移轉

「改良」（Improvements）指的主要是有關技術部分之改良，但產品改良部分亦應包括在內，雖然產品改良有時乃因其生產技術之改變而造成，但有時產品為因應市場需求或各地習慣或品質因素而有所改良時，亦應有所適用。

而有些高科技產品，因其生命週期之短暫，改良變化可能相當的大，甚至完全改變原有產品之性質、功能，在此情形下，其是否為改良，卽依原有技術、產品而做之更改、變化、修正，抑或是創新，更值得討論、斟酌。

1.改良之定義

改良主要指有關生產、製造、使用或銷售之技術之更新、改變而言，或因該改良有提高生產力、生產量、生產品質，或降低生產成本、銷售成本、製造成本及其他成本之減少，或因改良而有其他經濟上之特殊效益者均屬之。而改良並不一定指移轉人（或受移轉人）之員工所為者為限，其所聘請之顧問或子公司、關係企業，或接受報酬而為改良，或改良而為移轉人（或受移轉人）所無償取得、購買或以其他利益交換者均屬之。改良亦包括所有專利權、商標權、著作權、Know-how、商業秘密等。至於改良是否已實際運用於有關之生產、製造、銷售、使用上，則仍有爭議。這在移轉人並無生產該移轉技術之產品，或利用該技術以生產其他產品時，可能較無疑問；但若移轉人（或受移轉人）生產該產品時，而該技術之改良並未開始應用其生產製造時，該改良是否應予以移轉，一般以為，若該改良為其本身所研究、發展而成者，不管

其是否已然應用於生產、製造，皆應予以移轉；若非其本身所研究、發展者，似不宜強行要求移轉。另外子公司、關係企業之改良，若未應用於與受移轉人（或移轉人）所生產相同之產品，或具競爭力之產品時，並不生移轉之問題；且依一般習慣，子公司、關係企業，並非合約之當事人，其所做與移轉技術有關之改良，實不宜要求移轉，除非該改良已為合約之當事人所取得時，才有移轉與否之考慮。

「改良」與「創新」間，則很難有一明確之區分。創新在「原創」部分不屬改良則無疑問，但在「再創」部分，多為依原有技術而為之改變，若其改變因而造成重要或主要之性質上之變化，或功能、目的亦有所不同時，則應不屬改良的範圍。例如在 8 位元與16位元、32位元間電腦之變化，應屬創新而非改良，若只是加強其性質、功能、作用之變化，則仍屬改良。

2.改良之瞭解或提供

移轉人在合約期間應准許受移轉人介入瞭解其有關所移轉技術之研究、發展、生產、製造等之過程或結果，這可能包括合作進行有關之改良計劃或生產、製造流程之介入瞭解。但由於研究、發展 (R&D) 多屬機密性質，移轉人是否願意讓受移轉人自由進出，則頗有疑問；因此這端賴移轉人與受移轉人間之關係而定，及雙方在合約中關於改良之定義範圍。

改良提供之義務，合約中亦須載明；即有關移轉技術之改良，移轉人應即通知受移轉人，並詢其需要與否，若受移轉人認為有需要時，應該改良提供，且不得以任何理由，如增加權利金之支付計算，或另外收取費用，而增加原有合約中受移轉人之財務負擔，除非該改良牽涉其他必要設備或原、材料等之購置。

至於有智慧財產權等保護之改良，不論其是否申請登記或註冊完成

與否，移轉人不得以之爲要件而拒絕移轉。若因取得智慧財產權時，則受移轉人並取得其授權使用、生產、製造、銷售等。若移轉人怠於爲有關權利之申請、註册時，受移轉人視爲授權得逕行以移轉人或受移轉人之名義申請註册登記，其費用由移轉人負擔。

3.改良之權利金及其他

改良部分之移轉，是否因此加收權利金或其他費用，亦有爭議。一般而言，若爲此改良，而增加明顯而重大的研究、發展經費之支出，似宜酌以增加權利金之支付。但一般之改良，則移轉人不得要求增加。另外移轉人改良之取得爲有償關係時，例如購自其他研究機構，其必要之權利金增加，應可接受。

至於改良之移轉與原技術移轉合約間之關係，所有移轉之改良，視爲原技術移轉之一部分，所以合約中其他有關之規定皆有其適用，例如授權、使用、保證等。

(五)符合有關進出口管制之規定

有些國家或有些產業、產品，其出口或進口均須符合政府相關出口、進口之法令規章，或國際組織之規範，否則可能造成貿易報復或制裁之情形。尤其在高科技產品方面，更有許多因國防、安全及政治等因素之考慮，所做之限制，且可能包括再出口、轉售時亦有其適用之情形。另外在保護開發中國家之民族工業，有些產品亦禁止或限制進口，而須由國內產業供應之情形。

1.遵守有關出口管制規定

在國際組織中，如「多邊出口管制協定」(Co Com)，有關防堵高科技流入共產國家之規定；其雖非國際公約，但可能引起報復。而美國爲確保其國防安全、技術發展，亦有出口管理條例、規則 (EEA, EERs)，其不僅關於直、間接之出口之限制，亦有許多轉售、轉口之規

範，因此移轉人應遵守這些規定，並應提供受移轉人有關禁止、限制轉售、轉口之地區、產品等。

2.取得合法之出口許可

移轉人應表示並提出其已取得有關必須之出口許可 (Permit) 及其憑證或證明文件；且該類文件、許可等，在合約關係存續中若有其他出口而須另行取得時，應重新申請辦理；原有之許可、憑證若須更新、換補時，亦應依規定為之；而有關法令規章之變更，致移轉技術或相關原、材料、產品、設備等受影響時，亦應做合法、有效之補正措施，或得增購、停購並取得替代品。若因法令影響，致無法達成技術移轉之目的，或有重大影響時，受移轉人並得終止合約。

3.損害賠償

移轉人未遵守有關出口規定，或未以告知受移轉人應遵守之事項，或未取得有關出口之許可、憑證時，若受移轉人因而受有損害，移轉人應負損害賠償責任。但若有關違反之規定，是因受移轉人之過失所致者，不在此限。此過失如受移轉人有配合履行之義務，如調查表之填製等，且移轉人或有關之政府機關已有合法之通知，而受移轉人卻不履行或怠於履行其義務時，即為有過失責任。

而有關之損害賠償，應包括其有因果關係之損害，及未來利益之損失。至於未來利益之損失賠償標準，應以一般客觀之標準為之，例如以其預計之銷售量，前三年平均之銷售量等計算。另外損害應以其有影響之部分或地區為準。而由於包括未來利益之損失，合約中往往有一條款，「限制賠償未來利益」，則該條款應排除適用。

合約期滿後，若有因合約存續期間之違法行為，而致受有損害時，亦應賠償。因此本條關於「出口管制責任」及損害賠償，應有「存續條款」(Survival Clauses) 之適用及效力。

第四節　受移轉人之權利、義務

(一)準備措施及相關文件、報告提出

1.準備措施

受移轉人為達其技術移轉之目的，應配合移轉人提供或完成相關且必要之措施、設備、人員、廠房等，以利其生產、製造、使用、銷售等。但因依各產業、技術、產品之不同，實很難在此做一概括性的說明，所以受移轉人應盡量與移轉人合作，並派遣人員至移轉人處觀察、瞭解，或請求移轉人派遣人員至受移轉人處瞭解應配合、準備之任何情事。而準備亦應符合有關時間、時效性之規定。

而移轉人並得要求受移轉人，基於必要之情況下，請其補足、修正、變更所需之準備。但移轉人應盡其善良管理人之注意義務，為必要之審核、檢查、調查等。

2.文件、報告之提出

除了與技術移轉有關之技術、生產、製造等之文件或報告外，並應包括財務、法律，及必要之人事或總務方面之文件。至於其所負義務多寡，應視技術之需要而定。在技術移轉後，移轉人之目的主要在控制產品品質，因此其生產流程、生產量等有關資料，應有提供之必要；至於研究、發展及內部改善計劃，似無全部提供之必要。另外則因權利金之問題，所以移轉人可能要求審核（Audit）受移轉人有關銷售、成本等之財務報告，合約中宜載明以政府規定應提之時間、內容為依據，移轉人始有權進行瞭解。例如每季之財務報告或結算，及年終報表（Annual Report）。

至於其他有關公司組織變更或重大嚴重影響公司經營、利益之情事，

受移轉人亦有通知之義務。例如：公司之重整、清算、破產、股權重大變動，以致影響所有權或經營權之情形，債務負擔影響營運，或債權無法求償致營運受到影響，或公司爲他人所購併 (M&A) 等情形；另外則是有關天災、人禍等不可抗力事件，或公司工廠遭受重大破壞，如火災等。

(二)權利金 (Royalties) 之支付

權利金爲移轉人移轉技術之報酬，也是受移轉人因取得技術，而須支付的費用。除了權利金之外，其他如技術協助、訓練亦應支付其費用。而這些支付，主要指在合約存續期間所應爲者，至於合約期滿後或終止、解除契約時，其權利金是否仍應計算支付，則須依有關之實際情形而做決定。

除了分條列舉方式計算其權利金或費用外，亦應設定有關之標準：(a)確立成本與其利潤之觀念；(b)與其他之受移轉人或移轉人之價位比較；(c)評估其價位與受移轉人獲利之關係；(d)合約期間可能增加之成本負擔（包括雙方當事人），如通貨膨脹等；(e)合約期間可能致權利金減少之事實。這些標準及觀念的建立，主要在評估其計算權利金前之依據，茲分述如下：

(a) 確立成本、利潤之觀念：權利金是因技術移轉而生，因此乃是一種商業交易之行爲，所以當事人在計算有關之權利金時，首先應有成本與利潤之觀念。這對受移轉人而言，卽一方面須考慮因技術移轉而可能得到之利潤，及其願負擔之成本；另一方則須考慮技術乃因研究、發展而來，因此移轉人所投下之心血、成本，應爲考慮。不得僅爲自己利益，而忘卻他人之成本，卻也不可忽略移轉人成本計算之合理與否。

(b) 與其他受移轉人或移轉人之比較：技術移轉人可能將該技術同時或已經移轉給他人，因此受移轉人，應就其有關之權利金計算，加以

比較、分析或做為參考，以為計算時之依據。另外同樣或類似之技術，可能他人亦具有與移轉人同樣之能力進行移轉，因此受移轉人亦應比較其他移轉人，對同樣之技術移轉，其有關之計算標準、方式。

　　(c) 價位與移轉人利潤關係：這類之評估，尤其適用於依生產單位或銷售單位計算其權利金時之情形。總之，技術移轉，除能提高研究、發展能力外，最重要的乃是提昇經濟發展，因此利潤為任何企業經營之目的，應予以仔細評估。

　　(d) 合約期間可能增加之成本負擔：尤其在外債龐大，通貨膨脹嚴重之地區，其對強勢貨幣之貶值比率可能較高，因此可能因而增加權利金成本負擔，且可能因而增加其他成本，如：勞工、原料、動力等成本，相對的也因而增加權利金部分之成本。另外則因移轉人之成本增加，也可能影響權利金之變化，尤其指技術移轉是分階段完成或有其他改良提供之情形。

　　(e) 合約期間權利金減少之情事：例如因有關智慧財產權，權利期間屆滿，或其他商業機密之公開等因素而造成，也就是合約後期不再支付權利金；但該減少是否有利於受移轉人，並不確定，因移轉人可能已將其成本計算於原來權利金內。

1. 權利金及費用適用之對象

　　依所移轉技術之內容、方式不同，其權利金或費用以為計算之對象也有所不同，但一般而言有下列幾種：

　　(1) 智慧財產權之授權。

　　(2) Know-how。

　　(3) 商業機密 (Trade-secret)。

　　(4) 技術改良。

　　(5) 技術協助及服務。

(6) 訓練。

(7) 有關文件、圖表、影片、電腦軟體。

(8) 廣告、促銷活動、商業性展覽。

　前面四種屬於權利金計算之對象，而後面四種則爲費用收取之依據。

2.權利金計算之方式

　依製造技術之移轉或管理服務技術移轉而有不同。在管理服務技術方面，由於多屬 Know-how 或商業機密之性質居多，其並無牽涉產品之生產，因此多爲一次計算、給付，較爲簡單；但在生產、製造技術之移轉，因其牽涉之範圍較大，且有產品之生產爲依據，所以其計算之方式，亦較多樣化，但一般可分爲依：(1)銷售；(2)利潤；(3)生產量或單位；(4)成本等四種依據而計算。

　(1) 依銷售量或銷售單位而計算：前者多依一定之時間而爲計算依據，而後者則就每一銷售單位而爲計算之標準。而依銷售而計算可說爲最普遍之方法。依銷售爲計算時，有依毛銷售計算，有依淨銷售而計算；依淨銷售爲計算，則可說最爲受移轉人所接受之方法，因其減少了成本之負擔。

　淨銷售爲計算標準時，其有關之成本應以扣除。最理想之方式爲出廠之價值扣除其他成本肇因於移轉人所加予受移轉人之部分，卽相關之原、材料或零、組件等；若爲移轉人所供應，或其子公司、關係企業，且有密切之利益輸出或轉價 (Price Transfer) 情形者，其成本應自毛銷售中扣除。

　但因此類成本往往是固定或一次成本，而銷售卻是持續的，因此不論以一段期間之銷售量爲標準，或以每一個銷售單位而計算時，其成本如何分配，牽涉著許多技術層面，究應以「平均計算法」爲之，或以「加速分配法」扣除，都有其利弊得失。若以平均計算法爲之，卽以合

約期間爲準時，則可能因而增加受移轉人之利息負擔，因其成本平均分
配於合約期間。若以加速分配法爲之，則可能於合約期間之前幾年（或
第一年）卽分配扣除，則移轉人可能在前幾年減收權利金並因而有預期
利息損失。這其中之標準、方式，雙方當事人宜協調溝通，以最合理、
公平方式爲之。以下玆以數學公式加以分析其計算：

若：$\$_u$＝單一銷售金額，C＝成本，V＝每年銷售量，

T＝合約期間（T_1＝第一年，T_2＝第二年，T_3＝第三年……

T_n＝第 n 年），

TV＝合約期間銷售量，

R＝X％－爲計算權利金之百分比（與銷售之關係）。

因此：每年權利金＝$(\$_u \times V - C) \times R$

①平均計算法：第一年權利金＝$(\$_u \times T_1V - \dfrac{C}{T}) \times R$

②加速分配法：（a）若在第一年內全部成本扣除時：

第一年權利金＝$(\$_u \times T_1V - C) \times R$

（若第一年之銷售金額卽 $\$_u \times T_1V$ 等於或小
於C時，則無須支付權利金）

（b）若在前兩年內全部成本扣除時：

第一年權利金＝$(\$_u \times T_1V - \dfrac{C}{2}) \times R$

（若其成本仍大於銷售金額，則可能仍無須支
付權利金）

由以上公式可知，此類成本扣除之計算方式，可能產生一個很大的
弊病：若銷售金額比成本還要小時，則可能不須支付權利金。尤其一般
之技術移轉合約僅爲五年，受移轉人爲規避權利金，可能在前幾年減少

銷售量，尤其當前述成本較大時，更易達成目的。而移轉人則多以成本價供應前述之原、材料，因此原、材料並未造成移轉人額外收益。

　　所以成本扣除法雖爲一般適用之原則（依聯合國工業發展組織之標準），但其實際運作上，則可能仍有待斟酌，應依實際狀況而做修正。而一般移轉人則或不考慮該類成本之扣除，或另加固定之費用（Lump-sum Fee）以爲因應。

　　(2) 依受移轉人之利潤計算：依利潤爲計算時，牽涉須以毛利或淨利爲標準之問題。毛利爲銷售金額扣除銷售成本；而淨利則再扣除有關之營運成本，應依一般承認之會計原則計算。一般以利潤爲計算標準時，多指以毛利爲依據。

　　但以利潤爲標準而計算時，則除可能如以銷售金額爲準時之「權利金規避」原因外，最重要者則爲其利潤之不確定因素，尤其在市場競爭較大的產品，或新產品，或爲獲取市場占有率的因素而做利潤犧牲等之情形，並不能彰顯其眞正之利潤。另外則如其生產規模、生產能力、生產量，或如應配合之當地勞工技能或技術之成熟與否，甚至其企業或產業等對利潤、風險之認識、瞭解，都可能造成利潤之減少或甚至有損失之情形；而在技術移轉生產之初期，其利潤更具有不可預期之不確定，且依一般營運經驗，初期利潤確實不能實現。

　　例如一九八八年美國大旱災，造成農產品及畜產品之欠收，而使其市場呈現不平穩現象，致使該類產品及加工品售價昇高，因而造成許多食品業或速食店成本之負擔，而減少利潤，因此麥當勞速食店乃斷然將其對加盟店（Franchisees）權利金計算之標準，從依利潤計算之方式，改爲依銷售金額爲計算標準，以確保其權利金之收取。

　　因此，一般技術移轉人，對以利潤爲計算標準，可能無法接受，除非其對受移轉人所有之經營、管理、生產、製造、銷售、採購等的流

程，都有權介入了解，或監督、指導、管理，或對其企業經營得以信賴之情形下，才可能依利潤爲計算之標準。所以在一般非投資性 (Non-equity) 之技術移轉，可說甚少依利潤爲計算權利金之標準；倒是在有資本介入之技術移轉，如合資企業、子公司、關係企業方式下之技術移轉，因其直接、間接得參與、介入有關整體企業經營、管理之運作，因此對企業營運或整體目標有較明確之瞭解，且其因另有股利之分派等因素，所以對權利金之計算，可能較願意依有關利潤爲標準計算。

(3) 依生產量爲計算標準：卽以生產之總量，或依其生產項目之每一單位爲計算標準。前者可依不分項目之總量，或依分項下每項之總量爲標準，而後者則完全依分項下每一單位而分別計算之。因技術移轉，可能牽涉不同種類、項目、品質等之產品生產、製造，或依同一技術移轉，亦可依目的、使用、銷售地區、消費者需求，品質、型號而生各種不同之產品，其計算究應概括性之以總量計算，或分門別類個別計算，宜依技術、生產、產品等之不同而定。例如汽車生產之技術移轉，可能同一技術得應用至如轎車、貨車、特種用車，或依轎車而分，亦有C.C. 數之不同、外觀型式之不同等。其計算時，是否一體適用，或分別適用，因生產量有所不同，可能在計算時或有差異，宜愼重考慮。

(4) 依成本爲計算標準：生產成本計算，是比較不客觀之一種。因一則以生產成本究應有何種項目之包括，依各地會計原則運用而有差異；再則以生產成本與銷售之多寡亦有其關係，銷售量愈大時，其成本攤提較快，銷售量較小時，其成本攤提較大或較慢；另外成本計算法，亦如利潤計算法，其受各種不確定因素影響較多，且可能造成較大之變動，如前述美國大旱災之例子。

除前述之四種計算方法之依據外，最重要者爲其依前述標準而來之百分比，例如銷售金額之百分之幾爲其權利金。「百分比」應爲多少始

爲合理，即牽涉金額之多寡，一般移轉人可能將其研究、發展等之成本爲其考慮之因素，又可能依其受移轉人之地區，對象多寡而爲考慮；另外則是產品成熟度之問題，且可能牽涉者則爲其成本攤提之方式、多寡等不一而足。依一般速食業而言，可能依每月之營業額之百分之四至五爲其權利金計算之標準。

另外則依合約期限之長短而區分。合約期間較長時，移轉人可能較願承擔較大之風險，而願訂定較低之百分比，尤其一般營運，在數年後其銷售或利潤都可能較穩定，因此其權利金收取也較有安定性保障。但在合約較短之期限者，一則以逐年收取之機會減少，再則受營運初期成本、銷售等可能較不滿意之情形，其百分比可能因而加大。另外則是時間之計算，即依每月而計算收取，或每年而計算收取，一則以可能牽涉利息之問題，再則以時間之寬限期愈長，對移轉人之利益期待或風險負擔均有負面之影響，因此多半以每月計算收取，較爲常見。而除以時間爲區分外，亦有以階段性之區分法，如以簽約時應付多少百分比，開工生產時又多少，或銷售量至多少時則得增加或減少等方法，但此類之階段性比例分配法，亦有人認爲並非眞正之權利金 (Royalty)，只是將總固定金額 (Lump-sum fee) 加以分期支付 (Installation)，其與權利金之以銷售等爲依據標準相乘相加之計算方式不同，只是設定一總數（固定數目）再加以分配計算，不符合權利金計算之原則。

3. 權利金支付之方式

依其所移轉之技術不同，或金額計算方式，或其他費用等而區分權利金之支付，一般可分爲五種支付方式：(1) 一次支付（包括權利金及費用）；(2) 分期支付；(3) 結合上述兩種之支付；(4) 將總額分階段支付；(5) 其他費用。

(1) 一次支付 (Lump-sum)：這在一般技術移轉，尤其牽涉多層

面或較複雜之技術移轉並不適用。一則以其金額可能較大，受移轉人可能無法負擔；再則因所牽涉之技術移轉，可能須較長之時間才可能完成，或爲受移轉人吸收應用，所以受移轉人在未能確定該技術是否充分移轉，或與其所需之目的，或移轉人所表示之性質、功能等完全符合之前，受移轉人不得貿然採行此一次支付之方式。但在牽涉範圍、層面較小，或非關生產之管理技術之移轉，尤其指有關 Know-how 之移轉，受移轉人確信其可完全吸收應用，且移轉人保證其可以完全將技術移轉之情形下，則可以一次支付之方式爲之。

(2) 分期支付 (Running Royalty)：分期支付之方式，可說爲最普遍應用之方式，特別在有關生產、製造之技術移轉，其所授權之權利種類繁多，可能包含著專利權、商標權、著作權等智慧財產權，當然也可能同時須有 Know-how 或商業機密等之技術移轉，因此其移轉所花費之時間較長，而受移轉得因而吸收之時間也可能較多；另外移轉人爲求其收益得因產品之銷售而有附加利益等因素，以增加收入，所以一般多以分期支付之方式較爲雙方當事人所同意接受。

(3) 結合「一次支付」與「分期支付」之方式：所謂二者結合，並非指將總金額給付兩次，而是將部分金額一次支付，其餘則以分期支付方式爲之，這在合約期間較短之情形多有適用。其目的無外乎移轉人既欲確保其成本之回收，且欲因而獲取利潤；或因某些技術性質得立即移轉，因此就該部分可一次支付，而其餘無法一次移轉之部分，則以分期支付之方式爲之；或因合約期間較短，如依前述以銷售金額等計算權利金時，則由於生產、銷售之初期較不易達成移轉人之需求，故爲求利潤，則部分權利金一次支付，其餘則因種種不確定因素，其有或無，並不致影響移轉人之利潤；或因移轉人認爲權利之使用，卽應支付權利金；其餘因生產、銷售而得之利潤，亦應分享之原則。總之這種結合之

方式，一則以其成本或部分利益須先取得，至於其餘部分，有則因而增加收入，無則並未損其成本或已得利益。

(4) 分階段支付之方式：有依時間為區分，如將總額平均分配或依一定百分比分配於合約期間而支付，或依百分比之方式支付，如某特定期間，應支付總額之百分之多少者。在前者，依時間區分之方式，一般支付仍為按月或按季之比率較大；在後者，百分比之方式，則並無一確切之標準，依雙方合意而定，但其階段性之區分，則有其一定之原則，例如在簽約階段，有關技術移轉完成階段，設備安裝或測試完成階段，原、材料或中間媒介物或零組件收受階段、開工生產階段等。其次則可能結合以時間及特定期間而支付之方式，如雖在某階段須支付一定百分比之金額，但因可歸責於受移轉人之事由，或因不可抗力事件而條件無法實現時，仍應依一定時間之到達，而支付一定之百分比等。

(5) 其他費用：除權利金之支付外，可能須支付其他之費用，如技術支援、協助；人員之支援、協助；訓練、廣告、促銷活動費用等。該類費用之收取，亦可能一次支付，或分期支付為之，其原則或標準亦與權利金之方式類似。

4.稅捐及相關費用

任何權利金或費用之支付，因其為所得之一種，都可能面臨有關國家之稅賦問題。稅源、稅基、稅率依各國法律規定而有不同，若有雙邊稅捐條約之情形，則該條約應優先適用。

一般原則則是所有之權利金、費用等之支付金額數目，為依受移轉人國家法律扣減應繳稅賦後之金額，即有關該所得所生之任何稅捐，已由受移轉人代繳，而受移轉人並有提供相關憑證之義務。至於非受移轉人國家之稅賦，則應由移轉人自行負擔。

5.支付之方法

　　所謂支付之方法為有關權利金及費用等，是以現金或其他各類支付方法為之。除依雙方當事人合意外，亦須符合有關之商業習慣。

　　其支付方法分述如下：

(1) 現金：在金額較小或得當面交付之場合，如：薪資。

(2) 銀行本票、支票、滙票。

　(a) 郵滙

　(b) 電滙

(3) 受移轉人之本票、支票。

(4) 開立信用狀 (L/C)：在採購設備、原材料時最普遍。

　(a) 即期信用狀

　(b) 遠期信用狀

　(c) 可撤銷信用狀

　(d) 不可撤銷信用狀

6.支付之貨幣

　　支付之貨幣一般以強勢貨幣為之，且須為當地可通行之貨幣。因開發中國家貨幣可能並非全球或地區性通行貨幣，且其因國內政治、社會、經濟等因素，易造成當地貨幣之波動，所以以強勢貨幣為主，如：美金、日幣、馬克。

7.支付期間及遲延給付

　　支付應定有期間，例如「某月某日起幾天內支付」，一般以30天至60天為較普遍，即在該時間內為其支付期間。

　　至於遲延支付之效力，則應有一定期間催告，催告期間並應計付遲延利息，但可酌減。而利息之計算，得依約定，或參考相關國家之基本利率 (Prime Interest Rate) 或其他可為標準之商業上之利率。

(三)保密條款 (Confidentialty Clause)

　　技術移轉中有關之生產、製造、銷售、設計等皆屬於人類智慧之結晶，而有些攸關商業競爭，因此縱使受有智慧財產權等之保障，但為免權利或利益之喪失，所以雙方當事人均須對重要之相關技術、文件等負保密之責任。因此移轉人往往要求就相關技術、資料加以保密，而受移轉人亦得要求移轉人履行該義務。

1.保密之範圍內容

　　技術移轉有關之資料等相當繁多，何者須嚴以保密，何者並無此需要，雙方當事人應充分溝通、協調，而將其應予以保密之內容、範圍詳細的在合約中規定（但已經公開者，則不得在合約中再予以規定），並確實遵守，若無此規定之部分，則不得強行要求保密。

2.保密適用之對象

　　從合約之商議、協調、簽定、技術移轉，以至於生產、製造，所有參與、接觸之雙方當事人及其員工、聘僱人員或其他有關人員均有其適用。

3.期間

　　保密條款一般適用於合約期間，但得依雙方當事人之要求，延長至某一期間，或在終止、期滿後仍得依「存續條款」(Survival Clauses) 而有其效力存在，但非無限期。

4.公開之訊息

　　在合約簽定前，已經發佈、公開之訊息，則不得為遵守秘密之內容；而合約存續期間或期滿、終止後，因專利權期間屆滿者不得限制，或他人已有發佈而公開時亦同。

5.合約期間之改良及其他權利取得

　　合約期間之改良或其他之技術移轉，除有保密條款適用外，其期間可得延長至一特定期間，並不以合約期滿或終止日為限。例如有關專利

權之取得在合約期間發生，且其權利期間長於合約期間者，得以該權利屆滿日爲準。

6. 例外不須保密情事

因合法或依雙方當事人約定並載明於合約中之情形，例外得予以發佈。例如有關再移轉授權（Sub-licensing）或權利移轉讓渡（Assignment）之情形，而須向該第三人發佈者。或因向政府機關申請、登記技術移轉而須發佈，或因訴訟而須在法院公佈之情形。

7. 機密文件資料之返還

合約期滿或終止時，移轉人往往要求將其交付之有關機密性之文件、資料返還。但因技術移轉終止或期滿後，受移轉人仍得繼續使用該技術，因之其有關資料、文件等仍應保留一份以爲參考應用，或提供予其再移轉人（Sub-licencees）或受讓渡人（Assignees）使用。至於其保留之一份，其有關保密之情事、合約、規定仍應有所適用，即有「存續條款」（Survival Clauses）適用之效力。

(四) 最優惠待遇 (Most-Favored-Licencee)

技術移轉人可能在不同國家，與不同之受移轉人合作進行技術移轉，因此在各受移轉人間在相關之條件及範圍內(Under the Similar Terms and Conditions)，對於各受移轉人不得有相互歧視待遇之情形，至少不得低於其他受移轉人之待遇 (No Less Favorble Treatment Than Other Licensees)。

1. 權利金支付

在權利金支付之計算，支付方式、支付方法、期間，及其他與權利金有關之事項均有其適用。

2. 技術移轉之內容、範圍

技術移轉若爲相類似之技術時，或受移轉人認爲其有需要其他技術，

而其條件適合或得配合之情形下，移轉人同意將該技術移轉。另外有關
技術改良，或其他新專利、商標、著作權等亦應有其適用。

3.原、材料等之採購、供應

不論其採購方式地區，或由移轉人供應等情形，受移轉人間應有公
平、合理之對待。另外其售價（在移轉人供應時）亦不得高於其他受移
轉人。

4.其他合約條款

如保密條款、限制條款等，受移轉人若認為其他受移轉人享有較優
惠之待遇，而該受移轉人認為該較優惠待遇，其亦有適用之必要時，得
要求修改合約，移轉人不得拒絕。

（五）受移轉人之改良 (Improvement by Licensee)

移轉人往往要求受移轉人，將其在合約期間所為之改良，免費移轉
給移轉人，即所謂 (Grant-back) 之問題。受移轉人應在合約嚴加定
義改良之內容、範圍，以確保不相關之研究發展之外露；而關於移轉人
因此得介入有關之生產、製造者，其介入範圍亦應嚴格限制，僅與相關
技術有關者為限。一般有以下數項之要求或限制：

(1) 限制改良為有關技術移轉之部份，且定義於合約中。

(2) 移轉人得介入、瞭解改良者，其介入、瞭解應僅限於與移轉之
技術有關者，且其時間、地點及其他規則，均應依受移轉人之指示進
行。

(3) 在移轉人同意移轉其改良時，受移轉人始有移轉改良之必要，
即互相移轉之權利義務。

(4) 僅為授權 (License) 而非所有權利之移轉，即有關改良之財
產、權利仍為受移轉人所有。

(5) 除非原合約之技術移轉為絕對性 (Exclusivity)，否則該改良，

受移轉人並不負「絕對再授權」之義務，其得移轉給移轉人以外之其他第三人。

(6) 有關改良之權利金支付，使用期間及其他有關事項除適用合約有關規定外，合約無規範該改良之條款時，雙方當事人應再行議定。即最好在原合約即予以明定。

(7) 若移轉人並未從事該技術之研究、發展等與改良有關之事情時，受移轉人並無將該技術改良移轉予移轉人之義務。即相互義務之延伸條款。

(8) 有關改良之再移轉，應依受移轉人國家有關法律之規定。

(9) 移轉人不得將此改良再移轉給其他第三人，除非合約有例外規定。

(10) 改良移轉在移轉人國家如有申請有關智慧財產權保護之必要者，移轉人應協助受移轉人進行申請登記。

第五節　合約中限制規定

移轉人一方面為確保其權利，如有關之專利、商標權，另方面或為增加如權利金之收受，及避免受移轉人與其在市場上之競爭等因素，往往要求在合約中做某些有利於移轉人而對受移轉人加以限制之條款。這些限制有些是合理或並不影響受移轉人之利益、權利；有些則甚不合理。一般在合約中可能出現之限制條款大概有以下十種，在此分別列舉，並加以說明：

(1) 絕對授權 (Exclusive License) 或非絕對授權 (Non-exclusive License)。

(2) 有關生產、產品、生產量之限制。

(3) 銷售區域及有關銷售之限制。

(4) 銷售價格之限制。

(5) 使用或應用範圍之限制。

(6) 「束縛條款」(Tie-in Clause)。

(7) 再授權 (Sub-licensing) 之限制。

(8) 權利讓渡 (Assignment) 之限制。

(9) 「反授權」(Grant-back) 及「相互授權」(Cross-license)。

(10) 與其他人技術合作之限制。

1.絕對授權與非絕對授權

在技術、生產、銷售之授權都可能發生絕對授權或非絕對授權之情形。而依移轉人觀點而言，一般較欲以非絕對授權之方式與受移轉人簽約，尤其在無法參與之市場或無法競爭之地區，更有其適用；但亦因特殊情形而有所差異：在成熟期之產品，其成本已經攤提完成，而有關之研究發展亦較少進行，另則其市場已能接受該產品時，移轉人多願以非絕對性授權進行技術移轉，一則可以增加權利金之收入，再則以市場之擴大，對其未來利益亦更可期；但在未成熟產品或剛由研究發展階段轉而量產或進入市場者，因一則以市場上之需求情況不明，再則以本身若有生產製造時，其銷售利潤可能遠大於權利金之收取，另則以產品之負面影響可能帶來之損失或損害之避免等因素，則移轉人可能較願以絕對性授權爲之。

至於在受移轉人其考慮因素則包括市場利益及經濟發展配合之需要而定。一般而言爲確保其國內或其銷售可達之區域，多希望爲絕對性授權，至少在國內爲絕對性授權；而在經濟發展之考慮而言，若該技術可同時應用於其他相關產業或產品時，並求相關之經濟發展需求，受移轉人可能要求非絕對授權；但在相同產品或有替代性產品之有關技術，則

其絕對性或非絕對性授權，可能對市場競爭有所影響，則應視其國內經濟需求及條件，或國際上市場競爭狀況而分別決定。

而移轉人爲確保其仍得生產、銷售，並仍不願失去受移轉人國家以外之地區市場時，所以多要求僅限定於受移轉人國家爲絕對性授權。總之在合約中最常見者爲除受移轉人國家外爲非絕對授權，而受移轉人亦須盡可能爭取至少本國爲絕對性授權（因一般技術，其應用範圍較小時）。

2.有關生產、產品、生產量之限制

在生產或製造方面，移轉人爲確保其品質（尤其在商標標示上，有其商標字樣或公司名稱時），以免影響商譽或其他所生（如：產品等）之責任負擔，故多限制其生產、製造、必須依有關技術移轉中之程序、方法，或移轉人之特別指示進行，並不得與其他方法、方式、程序結合使用，如受移轉人自行設計之技術，或移轉自他人之技術等，除非經移轉人同意該結合使用者不在此限。關於此類之限制，受移轉人應與移轉人充分溝通，並依實際狀況、需要、條件等，選擇最有利之方式爲之，最好在合約中明白規定，因爲該限制因牽涉將來產品責任歸屬認定，及賠償分擔等問題，受移轉人應謹慎進行。而關於合約期間，非移轉技術以外之發現、發明等之應用，亦應與移轉人協調，以免造成不必要之損失或損害。

產品上之限制最常見者爲產品或產品之包裝上，除有受移轉人之商標、名稱外，移轉人之商標、名稱等應列於受移轉人之前，並應有尊、卑或主、從關係之顯現，或須有如「本產品爲××公司授權製造」等字樣。其他有關產品之限制有種類上之限制、品名上之限制等。例如同一技術移轉，可生產應用於轎車、貨車、特種車等，其可能要求限制某一車種，或某一 C.C. 數之汽車。該限制可能產生權利金計算支付之不同外，對受移轉人之營業利益亦有所影響，合約中亦應明白規定其得運用

之產品範圍，及權利金計算之依據。另外合約期間，若欲生產其他產品時，若該產品非為合約禁止生產者，受移轉人應得自由為之，尤其在產品之生產得應用移轉之技術，而其應用並未為他人所發現、發明，而由受移轉人所研究得知之情形，移轉人更不得加以限制。

其次在生產量之限制方面，則可能亦與品質之控制有其關連，尤其在有原、材料或相關特殊處方之產業，其原、材料等之量得生產多少之產品，都有其一定之比例或關係，因此其限制亦稱合理。但有時是基於權利金計算之著眼，尤其在一次支付權利金之情形，因其並無依量而分配之權利金收入，故多所限制。其次則為市場競爭因素之考慮，特別在非絕對性授權，為避免受移轉人相互間之競爭，造成利益損失，或在絕對性授權，尤其在有壟斷市場或有市場優勢及賣方優勢之情形，因供需之關係，故以減少生產量並藉以提高價錢，而增加利潤。另方面則因考慮生產成本，或銷售能力等，從生產量上加以限制，以減少受移轉人之成本負擔，以避免企業經營之風險、危機，從而移轉人得以確保其權利金之收取。

總之，生產方面之限制，除因品質或特殊需要外，其餘任何之限制，無論從生產、產品、生產量之限制均不合理，尤其在量方面之限制，更不宜接受。

3.銷售區域及其有關之限制

移轉人為確保其市場利益，或因其他受移轉人之利益關係，多半要求受移轉人在合約中規定其得銷售之區域；而受移轉人除為提昇國內之經濟力之外，更希望出口以創造國庫外滙之收入，尤其一些並無天然資源的國家或地區，更多以出口導向為目的。在此雙方利益或目的可能不一致之情形下，雙方應充分協調尋找其較能接受之折衝點。

在受移轉人而言，其國內需求，或消費市場，可能無法滿足該技術

移轉之成本，或無法提供合理、有效之利用該移轉技術；再加上國內對外滙需求之殷切，因此一般受移轉人都希望能將產品外銷。因此以受移轉人而言，對該產品銷售之區域，或其銷售量，實不得有任何之限制。但爲平衡雙方當事人之利益起見，以下幾點可做爲參考：

(1) 本國（受移轉人）可爲絕對銷售區域 (Exclusive Right of Sale)，卽除受移轉人外，其他人，包括移轉人均不得將產品銷往該區域。

(2) 移轉人或其授權人之國家、地區，亦有與受移轉人生產相同之產品者，不論爲移轉人自行生產，或其授權人生產，並使用移轉人之品牌、商標者，受移轉人不得將產品直接銷往該國家或地區。

(3) 其他未有移轉人或其授權人生產、製造該相同產品，並使用移轉人之商標、名稱者，不得限制受移轉人直接銷往該國家或地區。至少應授予受移轉人「非絕對性銷售權」(Non-exclusive Right of Sale)

(4) 不得限制或要求受移轉人，將產品回銷給移轉人。

(5) 不論任何國家或地區，非由受移轉人直接銷售者，移轉人不得加以限制。卽對於任何地區或任何方式之轉售 (Resale)，移轉人不得干預。

(6) 出口銷售須符合移轉人或受移轉人之國家之法律規定，國際組織、公約若有出口限制，且其爲移轉人或受移轉人國家有簽署承認者，出口銷售應符合有關組織、公約之規定。

(7) 任何得銷售之國家、地區，移轉人不得單獨對受移轉人規定其得銷售之數量，除非依有關法律規定有其限制者。另外亦不得以時間、期間爲限制，而有影響其自由銷售之規定。

(8) 任何之出口，移轉人不得以任何名義增加附加價款，或以之爲增加權利金之要求。這卽所謂「出口附加價款」(Export Surcharge)

之限制，受移轉人應拒絕類似之限制規定。

(9) 移轉人不得以其智慧財產權之登記註冊，對抗受移轉人之出口。在一些開發中國家，爲保護其國內之工業或智慧財產權，乃以法律限制相關專利產品之進口，移轉人往往以此爲合法之掩護，因而造成默示之出口限制，所以受移轉人爲避免造成困擾，應在合約中明白規定，要求移轉人不得藉此限制。

(10) 移轉人不得以產品之種類、品名爲限制其得銷售之國家、地區。爲市場區隔或其他利益，移轉人常以產品別爲準，限制其得銷售或不得銷售之地區。例如以成人用或小孩用產品，或以汽車之 C.C. 數爲限制。

其他有關之限制，如不得銷售其他品牌之產品或銷售應搭配移轉人或其有利益關係之人所生產、經銷、代理之產品之限制，這在具互補性或成套性功能或性質之產品，常有此要求。例如速食店非主產品之飲料、配料，或使用工具，如：刀、叉、湯匙等。這些限制，應依受移轉人之性質或目的不同，自行決定，不得有不合理之限制。再者銷售量之限制，亦甚不合理，即每年或每季之總銷售量上之限制，受移轉人應予以拒絕。

4. 銷售價格之限制

依自由經濟原則，價格應依市場調節，所以移轉人對價格之限制，可說最不合理之限制。受移轉人應得依成本、市場狀況或各地區之不同，有其權利決定銷售之價格。因此任何方式之限制，如以產品、地區、時間，或銷售對象，而要求受移轉人依移轉人規定訂定價格，均屬不合理，不只影響受移轉人之利潤，也可能對其銷售市場有所影響。

5. 使用或應用範圍之限制

一種技術可能有著各種不同之應用範圍，例如採礦技術可能同時運

用於煤、鐵、金等礦產，引擎技術可能運用於汽車、各種發動機等。移轉人不得全然限制應用，因此雙方當事人應在訂立合約時，明白確定其應用之範圍，以免造成日後之爭議；而一般之原則、標準，大約有以下幾種：

(1) 應爲受移轉人本身之應用。

(2) 再授權予他人應用，須取得移轉人之同意。

(3) 受移轉人應以自己責任，負責其可能之危險。

(4) 應用不得有損移轉人之權利、利益，或形成競爭。

(5) 不得使用移轉人之商標、名稱。

(6) 必要時，移轉人得收取權利金（移轉人須負責任）。

另外則有關於產品使用之限制，尤其一些具有中間性質或材料性質之非最終產品，雙方當事人應確立其得使用之目的或範圍。其原則如下：

(1) 依特定目的、功能、特質、對象等而使用。

(2) 非依合約規定使用，受移轉人自行負責。

(3) 受移轉人得決定其使用。

至於其他之改變，（非改良）更動等，則大抵爲禁止之規定，因此受移轉人不得將移轉技術擅自更改，否則可能須自行負責。但一些不確定爲「改良」或「改變」之情形，則最好與移轉人共同研究，以免日後認定困難，導致不必要之損失、損害發生。

6. 束縛條款 (Tie-in Clause)

這主要指有關原、材料或其他零組件之限制採購或供應。（詳細請參閱第三節）至於其他「束縛條款」可能涵蓋之範圍有其他技術，例如以「成套技術」(Package Technology) 強行移轉，此時受移轉人應衡量需求、能力、條件等決定是否接受；移轉人改良之有償移轉限制，受移轉人得拒絕之；新專利、新發明等之一併移轉，受移轉人亦得拒

絕。總之非與生產、製造、產品之品質或移轉人所爲保證範圍、項目，或不需使用其商標、名稱於產品等有關者，均得拒絕之。但若有利於受移轉人，且其限制合理之情形下，受移轉人亦無須強行拒絕。

7.再授權 (Sub-licensing) 之限制

如前所述，一種技術之移轉可應用之範圍很多，同時也可運用於相同產業之其他企業，這對開發中國家而言，不僅因此可以提昇其技術能力，亦可促進其研究發展，所以從聯合國工業發展組織或聯合國貿易暨開發組織所揭櫫之精神，或目標看來，移轉人對於再授權實不宜有太多的干涉，但爲其權利及利益著眼，則雙方當事人應相互退讓以求取互利互惠爲最理想。至於一般原則如下：

(1) 再授權應予以准許，但須有雙方當事人之同意。

(2) 其同意應爲明示且載於合約，或以其他書面方式表示。

(3) 再授權應由移轉人、受移轉人、再授權之第三人，共同協調、商議後，由受移轉人與該第三人訂定合約，或由三者共同參與訂立。

(4) 再授權區域之限制。（一般以授權人國家爲原則，其他地區，則可能與移轉人，或其受移轉人之利益有所衝突，宜避免。）

(5) 再授權對象之限制。（一般以具有眞正促進受移轉人國家之經濟發展、教育提昇，研究、發展之促進爲原則，純商業上利益，尤其並無創滙作用，且其生產製造須配合許多進口消費品而非研、發設備者較不適宜。）

(6) 移轉人應給與再授權人必須之有關訓練或技術援助。

(7) 有關移轉人與受移轉人間所應遵守之保密義務或其他爲避免市場競爭、品質保證，及其他與技術、產品、銷售有關之義務履行，再授權均應有所適用。

(8) 權利金應由移轉人與受移轉人依一定百分比享有。

8. 權利讓渡（Assignment）

原則上權利之讓渡均須經對方當事人之同意。但特別之狀況仍應准許。如因企業之購併（M&A）所生權利之讓渡；或非屬政府登記註冊之智慧財產權保護之範圍者，如 Know-how 或商業機密部分，實不宜有太大之限制。另外有關非商業利益之權利讓渡，亦應沒有限制，例如因教育訓練上之需要，而對非營利事業所做之權利讓渡，將有助於開發中國家研究、發展及技術之促進。

9. Grant-back 及 Cross-licensing

所謂反授權（Grant-back）即受移轉人應該將技術移轉所做之改良再移轉給移轉人，或其指定之人，且不得收取任何之權利金者稱之。而反授權僅爲受移轉人之義務作爲，移轉人並不負此義務，其目的乃爲避免受移轉人因該改良而形成與移轉人競爭，造成其利益損失。關於此點，受移轉人要求相互之授權。其有關事項分述如下：

(1) 反授權以相互、平等進行爲原則（移轉人亦負移轉義務）。

(2) 非智慧財產權登記之改良，直接移轉予移轉人使用。

(3) 有關專利、著作權等之改良，應以授權方式爲之，而移轉人更應支付權利金（視情形而定）。

(4) 不得以權利讓渡（Assignment）方法移轉所有權。

(5) 移轉人不得要求「絕對反授權」（Exclusive Grant-back），尤其在非絕對授權合約（Non-exclusive Agreement），更不應有此限制。所謂「絕對反授權」，乃移轉人要求受移轉人僅可將其技術改良移轉給移轉人或其指定之人，而不得任意移轉給第三人，這種要求極爲不合理，不僅剝奪受移轉人有關權利（特別是智慧財產權），且有礙開發中國家經濟、科技之發展。

(6) 移轉人並未進行移轉技術之改良研究或發展時，受移轉人所做

之改良，似不宜要求其移轉給移轉人。

（7）有關反授權或相互授權之情形，雙方當事人應將其詳細規範於合約中，或另訂附約。例如：期間、適用內容、範圍，權利金之支付，保密責任等。尤其在適用內容、範圍之規定，應越詳細越好，因所謂「改良」，或其他專利權、著作權、Know-how 等，是依附原移轉技術而來，或是完全之創新、發明，最好有明確之規定，否則易生舉證困難之情形，造成不必要之損害。而權利金之支付，亦應依原技術移轉合約，而有其關連性，例如依多少百分比扣抵，或應占原權利金多少百分比等。至於期間，一般以合約期間為準，但若專利權、著作權等權利期間短於合約期間者，其權利期間屆滿時，則亦不得收取權利金。

（8）符合相關國家，尤其受移轉人國家，有關法律政策之規定。

10. 與他人進行技術合作之限制

不論生產、製造、銷售、設計，亦不論經銷、代理，或其他合作關係，移轉人常要求受移轉人不得與他人，尤其與移轉人具競爭關係者，進行合作。但一般情形，這類之禁止、限制，應不得予以規範在合約中。即依自由經濟原則，移轉人應得自由決定其有關合作之對象，否則若加以限制，亦易生有關壟斷、不公平交易或反托拉斯（Anti-trust）之問題。至於受移轉人與他人之合作關係，則不得違反移轉人或受移轉人雙方之權利、利益，因此必要之限制原則大約有如下幾點：

（1）合作不得損及當事人之合法權益，如商標、專利或著作權等。

（2）有關合約之保密責任問題。

（3）有關以移轉人商標、名稱，或其他方式而使人得知產品有與移轉人間技術或其他授權關係者，而致使移轉人有所損失、損害。

（4）合作影響產品之經銷、促銷或任何銷售上之利益。但不得以同時經銷數種相同品質、功能、性質但不同品牌產品而為限制，除非該不

同之經銷，影響合約中有關促銷、銷售之義務者。此即有關競爭利益之禁止、限制，但應合理。

(5) 數種技術運用於同一產品上時，除非以移轉人商標、名稱加諸產品上，否則不得限制。

除以上十種最常見之限制外，其他如不得懷疑或查詢移轉人企業、組織、人員、技術、智慧財產權等之合法性；技術人員或其他相關人員之僱用之指定或限制、禁止；對移轉技術之研究、發展，或任何其他有關之獨立研究、發展計劃；記者會、發表會召開，或其他有關產品、技術發表而與機密性無關者。這些限制都不應出現在合約或其他任何雙方當事人之約定中，因該等限制並無其法律上之效力，且不符合公平、平等、合理原則。

第六節　保證條款

技術移轉之能否達成其目的、需求，除受移轉人之能力、條件等外，移轉人亦應擔保其所移轉之技術、設備，及其他與合約有關事項之確實履行。一般須在合約中明定之保證責任有：1.技術之適當性；2.產能、產量；3.技術符合合約規定之目的；4.機器設備之保固責任；5.產品之性質、功能、目的；6.供應之原、材料，零、組件之保證；7.相關配合措施──技術援助、文件、資料之提供；8.銀行擔保，若有違其應負之保證責任者，並得請求損害賠償。

1.技術之適當性

所移轉之技術應適合於受移轉人生產、製造依合約所定之產品，而其適當性並應配合移轉人有關之指示，或特別需求而定，例如移轉人提供之原、材料，或依移轉人指示而使用之原、材料等。如果符合移轉人

之指示，並完成有關之配合措施、設施，則移轉人卽有保證責任。

另外若有設計文件、圖案、藍圖等，該有關之設計，亦應保證其適當性，及其應有之功能、目的等，而這些除須在合約中明定外，並得以附表、附件方式，成爲合約之一部分。

2.產能、產量

生產上之保證，多少與技術上之保證有其相關，應符合約定之有關產量或其能否生產、製造之目的達成。因此卽爲技術應能達成合約中之目的，而合約中對其產能、產量亦應有詳細而明確之規定，以確保權益。

3.技術符合合約規定之目的

此乃較整體、總合性之保證，卽該技術移轉之目的，必須先明確規定於合約中，而該移轉技術則必須完全並充分的達成其目的。

4.機器設備之保固責任

若由移轉人提供，或依其指示而採購之機器、設備一方面須保證其能達成移轉技術合約上之目的，另方面由移轉人所提供、出售之機器設備應有保用期間，在保用期間之損害，或所致之損失，移轉人應負其賠償責任。

5.產品之性質、功能、目的

在技術、生產、製造、原、材料使用、設備機器之運用等過程及人員之訓練，都依移轉人之指示而進行時，則其生產之產品，移轉人實應保證其應有之目的、功能等，若無法達成合約中之規定，除受移轉人過失或不可抗力所致者外，移轉人應對該生產產品負其應有的責任。

6.供應原、材料、零、組件之保證

技術移轉之生產中所需之任何原、材料或有關之零組件，若由移轉人所供應時，移轉人應保證其品質、功能、目的，若產品之任何瑕疵，

乃因有關由移轉人所供應之原材料或零組件等所生之問題，或所導致之問題，移轉人自應負責。

7.相關配合措施之保證

有關之配合，如技術援助、文件等之供應，移轉人亦應保證其責任。尤其指與技術、生產、產品等有特別關連性時，更應確保其有合約規定目的之達成。

8.銀行擔保 (Bank Guarantees)

銀行擔保可能包括預先支付之保證及履約保證兩種。在銀行擔保中，其保證人（銀行或保險公司）一經受移轉人請求時，不管其請求是否合法，即應支付保證範圍內之金額。而受移轉人並得要求移轉人國銀行提供反擔保 (Counter-guarantees)。

銀行擔保中最重要之問題為有關金額及其保證範圍之問題，一般而言，一則依合約之價值而定，或依權利金之總額而定；另則依移轉人之責任而定。其保證責任有效之期間，則依各種保證之性質而定，例如在測試完成後幾個月內為有效期間，或依部分責任之完成而逐漸減少，例如簽約完成抵減多少，設備安裝完成又抵減多少等。

以上僅就有關須提供保證之項目略加以說明，而這其中最重者為履行責任保證 (Performance Guarantees)，及其賠償之問題。

履行責任保證，可說是對前面幾項，有關移轉人之義務作為提供之保證責任，依各個技術移轉合約之不同而異。但一般最常碰到之問題則因移轉人往往不親自參與有關之階段，如廠房之建築或設備安裝，因此有時很難明確之要求應擔負之責任。因此在合約中有關之事項，必須清楚明白規定，至少應就其單方面之責任提供完全保證，而牽涉雙方面之問題，合約中亦可要求其應配合之措施，否則亦應負有關責任。

例如在有關設計或工程方面，受移轉人之條件、狀況等配合措施，

可要求移轉人證明已依標準完成，符合其移轉技術需求。又如要求移轉人至受移轉人之現場，示範說明，或將有關流程加以實驗性運作，並要求完成有關之紀錄等。而最理想的方法即是要求駐廠檢查，例如以三個月或半年時間，以瞭解其有關流程。

至於其保證之內容經測試有瑕疵時，移轉人應負除去瑕疵之責任，而其費用應由移轉人負擔，並應規定期限完成瑕疵之除去。若未能在期限內除去瑕疵或更換新品時，則應負損害賠償責任，或得以移轉人之費用，由受移轉人自行為瑕疵除去之必要作為。若可歸責於受移轉人之過失時，則由受移轉人負擔責任。不論何方之責任，在瑕疵除去後，得再予以測試，以確定責任歸屬。

在損害賠償方面，指未能依其保證責任實現或有遲延時之賠償（而有時亦以損害賠償以代替其保證責任之履行），其賠償得以扣減權利金或其他費用之方法為之，或請求銀行（有「銀行擔保」之情形）支付。

總之依各個技術移轉合約之不同，其保證之內容、範圍、期間亦有不同，但保證卻不可免，尤其對於開發中國家所不熟悉之技術移轉，更應明確、詳細的規範；另外則是基本上可瞭解、認知之範圍、內容一定應有其保證責任。

第七節　損害賠償責任及保險

責任承擔，最常遇見之問題為責任額。在受移轉人方面，常要求最大可能之責任額，不管在損失或損害都要求包括在內；而在移轉人方面則往往要求限制自己之責任額，例如限制在其能因該技術移轉而獲取之利益，如權利金總額。因此為避免責任範圍、金額之不確定及爭議，在合約中應儘可能的將可預見之責任承擔，加以規範。當然此種規範應屬

相對性的，例如在原則性之條款中可規定：雙方當事人均須使對方免於受有損失損害，或賠償因訴訟或其他可歸責事由之主張而致之損失、費用、包括人身之傷亡及其他財產之損害。至於其範圍除雙方當事人之約定外，亦須考慮準據法中有關規定，是否可以實現其約定。以下玆就可能須要規範之責任範圍及保險加以說明：

(一)損害範圍及其責任限制

　　損害可能包括因一方當事人之過失行為或不作為，而導致他人（包括對方當事人）財產上之損害或人身之傷亡，例如因工程設計、產品設計上之錯誤、瑕疵所造成者。其次如智慧財產權之侵害行為（詳見第三節），主要為受移轉人之使用該移轉之技術，而被第三人指為侵害其智慧財產權之情形，移轉人應設法除去其侵害，或賠償受移轉人之損失、損害。

　　其次則關於保證責任及其遲延之損害賠償，在試驗或測試完成而有責任時，即應開始負擔其損害賠償或回復原狀之義務。關於保證責任之損害賠償，移轉人多要求其合約中規定為「補償性賠償」（Liquidated Damages），若一經履行其賠償義務（多為金錢賠償），則無其履行責任之適用；即該賠償為一次賠償，得代替其保證責任之履行，也不類似回復原狀或瑕疵除去，具有絕對或多次之義務履行。由於「補償性賠償」對於受移轉人之權益損失較大，尤其在技術移轉，著重為一長時期之過程及目的，且牽涉國家之經濟發展與人民之生活福祉，其效益並非一般之商業性交易可比擬，因此以「補償性賠償」作為保證履行之替代，可能較不符合受移轉人之利益；或以分開規定之方式為之，即對於技術移轉之義務履行，要求以修復、更新之方式為之，以確保技術移轉之進行及生產、製造之運行，而對於所造成之損失，則可以「補償性賠償」為之，除非技術、生產、製造等已無法以除去瑕疵、回復原狀或修復更新

等方式補助時，才尋求「補償性賠償」。

至於遲延履行之責任，亦包括「補償性賠償」及其他之除去其瑕疵之責任等，其標準亦與前段所述者有其適用。

另外則是關於責任限制及範圍之問題，移轉人並不希望其負無限之賠償責任，因此以一個最高限額之標準，或者以權利金百分比之限制。其範圍則以所有責任為依據，而設定一個最高賠償額，或分條列項地以各個責任為據，在此既定之最高金額內，負其無限責任。但一個較為完善之條款應為：智慧財產權侵害或受侵害之情事，及有關最低標準履行責任應負無限責任，其餘則依設定之最高金額內，負其責任。所謂「最低標準履行責任」(Minimum Guaranteed Performance)，除依雙方當事人約定外，其客觀標準，如：依一般產業之共通性、一般常識、國際商業、工業慣例、相關國家，主要為受移轉人國家法律規範，或國際組織、公約等之認定。

關於間接損害及結果損害，或期待利益之損失，則不宜要求損害賠償；但若關於因移轉人之重大過失，而未能善盡一般人之注意義務者，則最好要求其就該部分負責。

(二)保　　險

在有關人身及財產之損害方面，移轉人應就部分可能之危險負擔，加以投保。至於其他部分，雙方當事人在合約期間均應就有關之責任投保，或者在有關技術移轉中之最重要部分完成期間內投保，例如在有關訓練、技術援助等完成並驗收時。而雙方當事人經合意訂定之一定期間內，須提供有關之投保資料文件與對方，並證明其保險已開始生效；另外若定期更新投保時，或換保等情形，雙方當事人也均須提供保險仍有效之文件資料與對方。

至於保險之責任範圍，受移轉人為在移轉人一方訓練時，其過失或

故意所致人身之傷亡，財產之損害；在移轉人方面，除前述人身財產損害外，應包括在技術移轉過程中，所有因錯誤、過失或其他不作為而致之損害，及其派在受移轉人工廠、公司之人員保險。

第八節 不可抗力事件

所謂不可抗力事件，一般指的如天災、戰爭等在合約簽定或生效時，雙方當事人難以確定、預見，卻又無法由雙方當事人加以避免之事項；在不可抗力事件發生時，往往有時效中斷之效力，而也發生不可抗力事件除去後雙方當事人之權利義務。

1.不可抗力事件之定義

如前所述，不可抗力為難以預見之事件發生，而有礙合約規定事項之正常進行，而該事件之發生、消滅、除去等，更非雙方當事人所能決定或控制者。因此合約中應加以明確規定其定義，至少有以下之字句：

「對有阻礙、限制，或延後合約中有關雙方當事人義務之履行或權利之執行之事件，且該事件之發生、消滅、除去，非為雙方當事人在合理情況下所能控制者。」

2.不可抗力事件之事由

合約中並應在條文中儘可能列舉其有關之事件，但並不以所列舉之事項為限，仍應以定義中所揭示者為準，以決定是否為不可抗力事件，或以一般國際習慣或所適用之準據法為依循。而一般較客觀認定下，所謂不可抗力之情形，可能有以下幾種：

(1) 天災，如水災、旱災、地震。

(2) 戰爭。

(3) 暴亂或暴動。

(4) 意外事件，如火災。

(5) 罷工、怠工、停工，但不包括當事人有權利阻止之事項。

(6) 原、材料等之短缺。

(7) 政府法令、規章之限制。

(8) 其他自然災害，造成交通運輸或通訊之限制、阻礙等情形。

3.不可抗力事件之通知義務

當事人之一方，因不可抗力事件所造成無法繼續履行合約義務等情形時，在雙方當事人約定之一定期間內，以書面或其他方法向對方提出通知，並將該事件內容、影響之範圍、可能繼續之期間，及對合約中雙方當事人權利、義務可能遭受影響之內容、範圍、程度等加以說明，若可預知其消滅、結束或得除去之時間時，亦應一併提出說明。

在事件終止後，該事件發生之一方，並應在約定時間內通知對方事件之終止，及其得履行或執行合約之範圍、內容等。

4.不可抗力事件之證明

在通知事件發生、繼續、終止等情形時，並應提出有關事件之證明與對方；而證明之文件、資料如：政府機關之證明，或報紙、廣播、電視等之報導，或其他如法院、公會等所作成具有公信力之文書等。

5.不可抗力事件之效力

不可抗力事件所生之效力，無外乎在責任免除、合約之暫時中斷或永遠終止，及其回復原狀等方面之問題。

在責任免除方面，一旦發生並自通知該事件日起，其有關之義務應予以免除；但若因無法通知之情形下，則仍應以當時之情況做判斷，以確定責任歸屬之問題；而其暫時無法通知情形除去後，亦應補行通知。

合約時效之暫時中斷或終止，則視不可抗力事件而定；在暫時中斷其時效進行時，於事件終止後，卽開始繼續時效之進行，因此產生合約

延長期間之情形；若不可抗力事件，顯然無法除去時，或所致之結果無法回復時，合約卽應終止；合約終止後，除因不可抗力事件所致之義務不履行或權利損失外，其餘之情形，則仍有適用合約中止效力之條款規定。

在不可抗力終止後，或部分中止，而合約得部分進行時，雙方當事人均應重新尋求必要之解決方法，以利合約之繼續有效履行，例如修定合約；若雙方之協議無法達成時，或無法與對方取得聯繫時，則任何一方均得終止合約，或依合約有關爭議解決之方法訴諸法院或仲裁方式尋求解決。而一般情形，因不可抗力事件難以確定其終止之時間，所以雙方當事人多約定，在一方因不可抗力事件，而停止履行其義務時起一定時間內，應進行有關商議，並有前述無法達成協議或無法聯絡時之效力。

雖然不可抗力事件，爲構成免責等之要件，但仍應盡其善良管理人之注意義務，全力阻止或除去該不可抗力事由；若顯可除去，而未予以除去時，則不得以不可抗力資爲抗辯之事由。另外雙方當事人亦應共同尋求有關替代之方法，若有選擇替代方案，而仍不進行時，亦不得以不可抗力爲抗辯。

第九節　合約之期間及終止

合約均有一定之期間，尤其在技術移轉合約，更不得出現無限期之情形，但合約得依雙方當事人之需要而延長。另外合約之生效日期亦將在本節中加以討論。而合約因特殊原因需事先終止時，有關終止之程序、效力問題，亦關係當事人權益，須愼重爲之。

(一)合約之生效

合約生效之日期，一般乃依其簽約日期，或當事人約定之日期起開

始生效。但無論爲簽約日期或其他日期，雙方當事人之合意，均須明文載於合約中，例如：本合約自×年×月×日起生效。因爲合約生效日期，不僅與合約期間計算有其密切關係，亦與權利金支付，及其他因合約而來之權利、義務有著重大影響，因此生效日期應明確載於合約中，若其日期無法明確記載時，而繫於一定事實或法律行爲之完成者，應依該事實或法律行爲完成之日爲準；但不論其所繫情事爲何，最好在該情事完成日，雙方合意確定一日期，以爲生效日期，如此較明確之表示，也可避免不必要之爭議。

　　合約生效繫於某一事實或法律行爲之完成者，較常見者有以下四種：

(1) 合約或與合約有關事項，須經移轉人政府或有關機關承認許可者。

(2) 合約或與合約有關事項，須經受移轉人政府或有關機關承認許可者。

(3) 合約須由受移轉人預先支付、提存權利金之情形。

(4) 移轉人須預先提供「銀行擔保」者。

　　以上爲較常見之情形，其他諸如：合約繫屬於前一合約目的或期限之完成者，如階段性技術移轉，而其合約分別簽定之情形，或如有關機器、設備之採購、安裝、運作或廠房之完工等爲其技術移轉之條件；再如受移轉人亦可要求先行給與其員工必要訓練之後，始簽定技術移轉合約。

(二)合約之期間及延長

　　合約期間應明確載於相關條款，依一般國際原則，技術移轉合約通常爲五年，但仍須依各別情形而定。例如在一次支付權利金之情形，其合約期間可能依廠房完工、技術援助、訓練之完成日爲準；但在牽涉專利、商標等智慧財產權者，合約期間可能較長，而權利金支付，依有關

生產、銷售而計算時，移轉人亦希望有較長之時間。總之，期間依技術移轉之不同而異，但五年至十年之期間，應爲國際間技術移轉可接受之標準。過長或過短，可能造成受制於人，或無法吸收、運用其技術之情形。

合約期限屆滿，卽自動終止，應可爲雙方可接受之原則，除非雙方當事人有延長之意思表示。要求延長合約之一方，一般須在三十天至六十天之間，在合約期滿前之上項期間，向對方以書面提出延長意思表示之通知，他方亦應爲同意與否之書面通知，若雙方同意繼續延長，則該同意應以書面作成。一般延長之期間爲一至二年，且載於原合約中。若須再予以延長時，可能須另訂新約。而有關延長之有關事項，宜明確載於合約中。

另外有關合約修改之問題，合約中亦應訂定得修改之條款，但須經雙方當事人書面同意，其通知修改之規定，亦有前述延長通知期間之適用。而在合約延長之情形，若雙方當事人認爲原合約有修改，增刪之必要時，亦得經修改後自延長日起有其適用。

合約延長影響較大的可能是權利金支付之問題，尤其在一次支付者，延長期間應重新計算應支付之權利金，其計算除參考以前支付之標準外，合約延長之期間亦應考慮，因一般延長期間均短於原合約期間，因此至少應比例扣減，或另行訂定標準。而在分期支付權利金之情形，雖可依原來分期支付方法，如按月分攤，或按銷售、生產等計付，但其間因成本因素或通貨膨脹，或其他因素之考慮，移轉人往往要求修改其計算標準或方式，但仍須合理，尤其對於已屆期之智慧財產權，更應注意不得再行計算權利金之支付，而 Know-how、商業機密等，若已公開化時，亦不得再行計算權利金。至於因延長而合約內容有所修改時，因權利、義務已有變更，可能因而影響權利金之計算，受移轉人亦須特別注

意。

(三)合約屆滿之效力

合約期間屆滿後,最大的問題爲所移轉之技術使用及其他權利行使,移轉人爲確保其權益,往往不願其技術或利益繼續外流;而受移轉人爲求其經濟及技術能力之提昇及有關研究發展之進行,乃多希望其能繼續使用該移轉之技術。另外則是受有智慧財產權保護期間,或尚未公開化之其他 Know-how 或商業機密,其在合約屆滿後又有不同之效力,以下玆就受有智慧財產權保護期間之技術,及期滿或未有該類似保護限制之情形分別敍述:

1.智慧財產權保護之技術

主要指在合約期滿後,而其智慧財產權保護之權利期尚未屆滿之情形。一般移轉人爲免利益之流失、競爭等權利之確保,對於未授權之使用該受智慧財產權保護之技術,往往採禁止之態度,或須承擔必要風險,或仍須支付權利金。

(1) 免費且自由使用: 合約屆滿後, 受移轉人仍得自由且免費使用有關之技術, 但有關之風險, 如商業上利益或其他權益等, 須由受移轉人負擔; 而最重要者爲侵害他人智慧財產權或受侵害時之情形, 須由受移轉人負完全責任。

另外, 若合約中規定期間屆滿時, 得免費自由使用該技術者, 移轉人在計算合約期間之權利金時, 往往採取較高之標準, 受移轉人須支付之金額也較大。另外其他如所移轉技術之內容、範圍, 可能較多限制, 甚至如重要原材料、零組件, 或其他配合該技術或生產產品使用之軟、硬體設備, 較易受制於移轉人。受移轉人絕不可以爲期滿免費使用條件爭取到, 卽代表成本之減少, 或權益之增加; 在談判合約時, 仍應兼顧各方面之情形, 衡量相互間之利弊得失, 才做決定。

　(2) 支付權利金後繼續使用: 另外一種情形, 受移轉人在合約期滿後, 仍繼續支付權利金而取得該技術之使用權, 但有關權利金, 則得依比例減少。而其權利金之計算亦有如下兩種情形:

　(a) 在合約議定之初即決定: 在商議合約時, 即將該合約屆滿時, 應支付之權利金, 一併載於合約中。但由於智慧財產權往往有一定之期間, 而其期間是否屆滿, 得否延長等情形, 在合約議定之初, 較難決定; 且受移轉人在合約屆滿後, 是否仍須繼續使用該移轉技術, 因時間較長, 且因種種因素, 很難在合約商議之初, 即能做合理、 有效之評估, 並加以確定, 所以並非最理想之方式, 除非受移轉人有確定之把握, 對該技術之需求性、適當性、未來性等, 能完全瞭解, 否則在合約議定之初即予以規定, 並非最好之方法。

　(b) 合約期滿時再行決定: 一般指在合約期滿前一定期間, 如三十天至六十天間, 雙方再行決定合約屆滿後, 權利金之計算。但在合約商議之初, 並非不須預定任何規範, 至少在合約中須規定, 有關屆滿後繼續使用所移轉之技術時, 其權利金之支付, 不得高於原合約期間所支付權利金之多少百分比, 例如: 不得高於百分之五十。而其確切之金額, 則在合約屆滿時再行議定。而該權利金之支付, 則須依有關技術、經濟環境等之不同, 而爲評估議定之標準。尤其在部分智慧財產權保護期間已屆滿時, 該屆滿之部分則不得另行計算, 而應免費使用。

　　另外該技術是否在合約期滿後, 仍有繼續使用之必要, 受移轉人亦須注意, 不得在合約中有太多限制。因此合約中應採取「假設語氣」之用法, 即「若受移轉人認爲, 該技術在合約屆滿時, 有繼續使用之必要時……」之語法。

2.非智慧財產權保護之技術

　　所謂「非智慧財產權保護之技術」,包括不屬智慧財產權有關法律保

護範圍之技術，如 Know-how、商業機密等，及雖受有智慧財產權保護者，如專利權、著作權等，但其權利期間已經屆滿且不得延長、更新之情形。對於該兩類之技術，一般有三種看法：

(1) 在技術授權合約存續期間，受移轉人之授權使用該類技術，視為權利之租賃關係，所以一旦合約期滿時，受移轉人即不得再行使用該技術。

(2) 技術移轉合約具有買賣及租賃二者結合之法律關係，因此合約期滿後，受移轉人保有使用該技術之權利，但不得將該技術再行移轉，即以「再授權」(Sublicensing) 或「權利讓渡」(Assignment) 等方法，移轉給他人，且不得將該技術向第三人或其他任何公開之方式，予以發佈。

(3) 技術移轉合約如同買賣關係，一方將技術移轉，一方則以支付權利金之方式，取得該移轉技術之權利，因此合約期滿後，如同買賣關係之消滅，尤其類似分期價金之買賣，所以移轉人不得以任何方法，限制受移轉人之繼續使用，或以其他任何方式移轉給他人，或對外公布。

以上三種看法，以移轉人之觀點，可能較願意採行第一種，即合約期滿，受移轉人之權利消滅；但受移轉人可能認為第三種較合理，即其得保有該權利。

但較折衷之看法，也是目前國際技術移轉合約中，較能為雙方當事人接受者，則為第二種看法，即在合約期滿後，移轉人不得限制受移轉人之繼續使用該技術之權利，但受移轉人卻不得將其移轉給第三人。至於權利金之支付與否及得否公開發布，則依有關情形而有不同。

(1) 智慧財產權保護期間屆滿者：在有專利權、著作權等智慧財產權法律保護之技術，其保護期間屆滿且不得延長或更新時，受移轉人得免費自由使用該技術；若其已公開化時，移轉人不得限制其對外發布及

移轉給他人。

在智慧財產權保護期間屆滿，但仍得延長、更新時，移轉人不爲該延長、更新之義務時，待其有關延長、更新之登記、申請期間屆滿，而其權利不再受保護，受移轉人卽得免費自由使用該技術。

(2) 非智慧財產權法律保護之技術：在非智慧財產權法律保護之技術，指依該技術移轉合約所適用之準據法所規定下者，依準據法之不同而亦有別，但一般指如 Know-how、商業機密等。其是否支付權利金，亦依其是否公開而有別。

(a) 未公開發布：在未公開發布者，且在技術移轉合約中有「保密條款」(Confidentiality Clause) 之規定，且其期限尚未屆滿時，移轉人仍應准許受移轉人在合約期滿後，繼續使用該技術，但受移轉人仍須支付權利金，而其金額則須較合約期間較低。（另有關權利金之支付，請依本節「1.智慧財產權保護之技術」中，「(2) 支付權利金後繼續使用」項目有關敍述參照適用。）

(b) 已公開發布：在已經由第三人公開發布之情形，或技術移轉合約中並無保密條款之規定，或保密期間已經屆滿者，受移轉人均得自由且免費使用該技術，且並得對外發布，因此其移轉亦不得受限制。

至於合約期滿後，由於受移轉得繼續使用該移轉之技術者，不論其爲免費或有償，其使用該技術所需之資料、文件、圖表、藍圖等，受移轉人並得繼續保有其使用權；若該類資料並無受智慧財產權保護，或其權利期間已屆滿時，則受移轉人有所有權；而該資料等之智慧財產權乃依附原有技術而決定時，其使用權或所有權，則依該技術本身智慧財產權之有無，或仍受保護或仍屬機密與否而決定之。因此移轉人不得要求受移轉人將該資料等，於合約期滿後返還，至少須得保留一份以爲使用技術之需要。

(四)終止合約及其效力

除因合約期限自然屆滿致合約關係消滅外，雙方當事人並得依可歸責之不履行義務，或不可抗力事件，而終止合約。因此合約中須將有關合約終止之程序、事項、效力等載明。

1.合約之終止

合約之終止除因不履行合約義務外，並得依有關法律規定，或在合約中另行約定得終止之事項。

在不履行合約義務之情形，應定一期間令其履行或補救，若期間屆滿仍不履行，或不爲補救或賠償時，他方得終止合約。在不可抗力事件，其顯無法繼續履行合約；或得定一期間，而期間屆滿，該不可抗力事件仍繼續存在，而影響合約之履行時，亦得終止合約（關於不可抗力事件之終止，請參考第八節）。另依有關法律終止合約之情形則較少見，且多有公權力介入者居多，如違反出口管制法律，或禁止、限制等違法行爲，亦可能生終止契約之情形。

至於在合約另行約定終止事項者，一般有以下數種可能：

(1) 所有權變更：指因購併(Mergers & Acquisitions)，或其他方式，造成所有權或經營權之重大變更；但若只是股權之部分變動，如上市公司股票交易之變動等，則不得爲終止之事由。

(2) 因破產、清算、重整之申請或宣告時：究應以申請或宣告爲準，尤其在重整之情形，可能時間很短，即可回復正常運作，應依各個情形判斷，移轉人多以有申請之時，即得終止之。

(3) 發生重大債務或信用危機時：其債務之發生，將影響其企業之正常經營，或其信用狀況不良，爲有關銀行或金融機構等宣布不予以往來，且無法補救者。

(4) 有重大債權無法收回時：債權之無法確保，而影響其經營能力，

且無其他方法彌補, 如無法另行取得貸款之情形。

(5) 移轉人與受移轉人間, 或其子公司、關係企業間, 非因本合約所生之訴訟, 或法律上之爭議, 而受有權機關仲裁、調解中者: 由於該等爭議或訴訟, 一則表示權益之爭執, 另則表示關係之不融洽, 可能影響合約之繼續進行, 因此多要求終止合約。

(6) 多次因不履行合約, 而另行補救者: 由於多次 (如三次) 之未按時依約履行, 造成合約關係之不穩定或不確定, 而影響他方之權益至鉅時, 尤其無故之不按時履行, 一則以表示其誠意之缺乏, 另則以使他方產生對未來狀況之無法掌握。另外本條款之規定, 亦有嚇阻、警惕之作用, 以約束合約存續期間, 雙方義務之按時履行。

(7) 其他事件: 如雙方國家交戰, 或關係之不融洽, 雖無法定或約定終止之適用, 亦無不可抗力事件, 但可能影響合約關係之順利進行。

合約之終止, 除得定期補救之情形, 應先行通知並定期補救外, 其餘則生立即終止之效力。而終止合約, 一般須以書面爲之。

2.終止合約之效力

在可歸責於移轉人之事由而終止合約時, 受移轉人得繼續使用該技術, 但有關權利金支付及其他事宜, 應可準用合約期滿效力之情形 (詳見本節「(三)合約屆滿之效力」)。

在可歸責於受移轉人之事由而終止合約時, 受移轉人應卽停止使用該移轉技術之權利, 及其他權利之執行; 而有關之義務, 如保密、再移轉之禁止等, 則仍應繼續, 其亦有合約期滿效力中, 有關受移轉人義務之準用。至於受移轉人已支付絕大部分之權利金時, 似不宜完全禁止其使用該移轉之技術, 而其得使用之範圍應如何界定, 則應由雙方當事人議定; 若無法議定時, 則依有關準據法決定, 或依合約有關爭議時之規定, 訴請法院或仲裁解決之。

若因不可抗力事件，而終止合約時，則亦依有關合約屆滿之效力而準用之。

至於除因本合約爭議而訴訟或仲裁、調解等以外之法定原因而必須終止合約，且並無可歸責雙方當事人之事由者，則可能產生不得繼續使用該技術或生產、製造、銷售等情形，例如出口管制之禁止，違禁藥品之製造、銷售之禁止。

另外，合約之終止，可能產生損害賠償之問題。這在可歸責之事由時，自有其損害賠償之適用；但在不可抗力事件之終止，則可能發生超額權利金之返還，及不足額權利金之追補之情形；而在法定終止原因，則應返還超額之權利金；至於權利金不足額部分，則須視受移轉人所得利益及所受損害間之關係而決定是否補繳。

(五)合約屆滿或終止之存續條款 (Survival Clauses)

技術移轉合約中之條款，有些在合約屆滿或終止後，仍有繼續存在適用之效力，一般稱做「存續條款」(Survival Clauses)，這些條款可能始終關係著雙方當事人之權益，尤其在合約屆滿或終止後，仍得繼續使用該技術之情形，其影響更大。而一般較常見之「存續條款」大約有下列幾種情形，受移轉人同意接受者：

(1) 準據法之適用。

(2) 爭議解決之方式：如訴訟、仲裁，及管轄法院或仲裁機構等。

(3) 侵害他人智慧財產權或受侵害之情形。

(4) 因可歸責事由，違反出口管制規定者。

(5) 產品責任。

(6) 保密責任，但應有一定期限，且已公開者不適用。

(7) 「反授權」(Grant-back)：但受移轉人在僅被要求其將改良授予移轉人之情形應拒絕之，除非有「相互授權」(Cross-licensing)

之情形，而有互利之原則下，始可同意。

　　(8) 有關紀錄之保留，如財務報表、生產流程。

　　(9) 未履行之合約義務，如應付之權利金。

　　(10) 禁止「再授權」(Sublicensing)或權利讓渡(Assignment)：但若已公開之技術，或未受智慧財產權保護期間者不宜包括在內。

　　(11) 受移轉人查詢移轉人是否有合法之智慧財產權之條款。

　　(12) 合約屆滿或終止之效力條款。

第十節　法律之適用及爭議解決

　　合約雖有創設法律以規範雙方當事人之積極作用，但並非每一個合約之規定均極為完善，且符合公共利益，而雙方當事人亦可能對合約規定，在解釋說明上有所疑義或爭議，尤其在不依約履行時，其受之損害，難以得到賠償之目的。因此選擇適當之法律，以規範雙方當事人，並補強合約規範之不足，並藉之以具公信力之方式，解決雙方之爭端，並得以尋求救濟，以確保合約之目的或當事人權益。所以，有關法律之適用，雙方合意解決爭議，乃至以訴訟、仲裁等方式平息紛爭，並進而取得適當之救濟，為技術移轉合約中，不可或缺之條款。

(一)準據法（Applicable Law）之選擇

　　由於各國法律規範之差異，或有衝突之可能，因此對於至少牽涉兩個法律制度之國際技術移轉合約，應就其可能之各種狀況中，選擇最適合或最有利之法律制度，以為合約之規範。但有關準據法之選擇，並非漫無標準，其必須與合約有關之事項具有重大或特別之關連性，如當事人、履行地、簽約地、付款地等，否則若任意選擇任一國家法律，則可能發生事實上不適合規範，及法律上之不適合等情形。但卻也不可因法

律選擇之困難，或疏忽，或其他因素，而未在合約中明確規範，如此不僅造成日後有爭議時，準據法選擇上之問題，更造成不利於當事人之情形。

1. 準據法 (Applicable Law) 選擇依據

一般準據法選擇之依據，多與合約有關之事項爲多:

(1) 雙方當事人住所地: 國際技術移轉合約，雙方當事人之國籍可能不同，或住所有所不同，因此雙方當事人國家之法律，可爲選擇標準。

(2) 簽約地: 一般簽約地可能在雙方當事人之國家。但有特殊情形，如營業地點（尤其指主營業所）與公司登記設立在不同國家，而其簽約地在該營業處所爲之時，其簽約地國卽與住所地國不同。另外選擇其他地點爲簽約地者，亦屬之。在後者，於合約其他事項並無密切關連之簽約地，若選擇該國法律爲準據法，則因該國法律與合約並無實質密切之關連性，對雙方當事人之權益保障可能並無實質之助益; 但有時爲求客觀性，亦有選擇該第三國法爲準據法之情形，或其他因素之考慮等。但選擇該第三國法爲準據法時，往往有規避法律規範，或尋求有利規範之嫌疑，而以訴訟爲爭端解決方法時，多亦在該第三國提起，也常有「法庭選擇」(Court Shopping) 之譏; 而該第三國法院，往往以無實質關連，而否定其管轄權。在前者營業所與登記地國不同，而選擇營業地國爲簽約地，並以該國法律爲準據法時，雖有其營業之關連性，且其利益關係也極密切，但是否最好之選擇，則須依各個合約而做判斷，尤其須衡量雙方當事人之利益，而做決定。

(3) 履行地: 在技術之移轉，其履行地爲受移轉人國，而在權利金之支付，則可能發生多處之情形，例如移轉人國，受移轉人國都有可能。

（4）付款地：付款地與權利金之支付，有其關係。而付款地多半指的是與履行地不同之情形，如指定在非履行地之第三國付款時，但付款地有時也可能成為履行地。但由於國際金融及科技之發達，其付款方式多以電子媒介進行，因此其付款地有時會發生難以確定之情形，除非合約或當事人間，有明確之規定或約定，因此以付款地國法為準據法，一則以其付款地並不確定，再則以付款地往往與合約之目的、內容等或雙方之權利、義務之履行，並無很明確，或實質之關連，可能較不適合為準據法。

（5）其他地點：如無關連性之第三國法。選擇該國法為準據法之情形，與前述選擇無關連地為簽約地，並與該國法律為準據法之情形，有其相類似之目的及結果，即雙方當事人為尋求較客觀或較有利之國家法律以為規範之目的，但也可能發生準據法不適當，或法院不予以管轄之情形。因此雖然依契約原則，雙方當事人有自由選擇法律適用之權利，尤其在國際契約，為求國際貿易之發展，更應尊重雙方當事人之意願；但法律之選擇，仍應有其適當性，應盡量與合約有關之重大事項有其關連性較為理想。

而依一般合約之規定，當事人之選擇，多與其本國有較大之關連，因此本國法較常為準據法，即移轉人國家或受移轉人國家法律為其準據法。

2.程序法、實體法之選擇

雖然選擇了某一國法為其準據法，但有時卻因其不夠明確而易有爭議。這爭議來自於程序法、實體法之不明確。

在合約中若僅規定「以某國法律為準據法」時，一般國家多以其衝突法（Conflict Law）或涉外程序法而觀察，以為選擇實體法之標準。有些情形，雖然當事人選擇了準據法，卻因該國衝突法之規定，反而適

用其他國家之實體法，如此可能無法達到當事人選擇該國法律爲準據法之目的；因大多數之合約，其當事人之目的，主要是希望合約有關事項，能由所選擇國家之實體法以爲規範，但因合約中未明確規範，因此其目的往往因而落空。

爲避免前述之缺失，當事人應詳細規定，究竟適用程序法或實體法。而在訴訟解決爭端時，須更進一步將管轄之法院及其訴訟程序法律明確指定，否則也易生不明確而再適用他國法律或由他國法院管轄之情形。

3. 常見之合約條款

準據法選擇：

(1) 本合約之解釋、說明，及雙方當事人之關係，須依××國法律決定之。

(2) 本合約之解釋、說明，及雙方當事人之關係，須依××國實體法 (Substantial Laws) 決定之。

(3) 本合約有關事項，由仲裁法庭適用××國衝突法決定其適用之準據法。

(4) 本合約事項，由仲裁法庭選擇之衝突法，以決定有關法律之適用。

在 (1)(2) 兩項比較，可能 (2) 項較爲完整，且較符合當事人之目的，但有時當事人或者考慮實體法過早認定，或有不便，宜留待衝突法決定。

在 (3)(4) 兩項，主要適用於以仲裁方式解決爭端之情形。(3) 項由仲裁法庭依某國之衝突法選擇適用之實體準據法；(4) 項則不明確規定何國法律，及何種法律之選擇適用，完全留待仲裁法庭決定，一則表示雙方當事人希望有一客觀之標準，另則相信仲裁法庭之專業知識及法律素養，必能選擇一合乎雙方當事人權益，或雙方當事人無須爭議之準據

法。

4.時間之考慮

選擇準據法時，有一關係雙方當事人權益，而須充分考慮之因素，那就是選擇何時之法律。法律時常修改，也常有新的法律出現，或舊法廢止之情形。因此一則避免糾紛，再則確保當事人之權益，在選擇準據法時，應考慮何時法律選擇之問題。

由於國際合約，其考慮點可能爲當地國家法律保障之穩定性，才願進行有關技術合作，因此爲確保法律規範下之投資環境之安定性，應準其適用如簽約時之法律。

但其他有關公共秩序、公共政策等法律，則須依各國最新之狀況或其國家有關規定而適用。

5.訴訟及管轄

有關爭議解決之方法之一爲訴訟，前面亦談到有關訴訟管轄之問題。訴訟管轄與準據法之選擇之間，並不一定有必然之關係，因此雖然已將準據法選擇，但亦可能產生無管轄權或管轄競合或「管轄不便」(Forum Non-conveniens) 等情形，但當事人仍應在合約中將管轄法院載明，以免不必要之爭議。例如：「因本合約而生之爭端，或與本合約有關之爭端，都由××法院管轄。」

一般管轄法院均選擇準據法所在地國之法院較多，一則以雙方當事人選擇該國法爲準據法，自有受其管轄之期待；再則以準據法國家之法院爲管轄法院時，因其對本國法較爲瞭解，也可獲致合理之判決。另外亦有以設在海牙之國際法庭 (International Court of Justice) 爲管轄法院者，其目的主要求其權威性及客觀、公正之期待，尤其事涉國際商務之糾紛，可能有較公平、合理之定奪。但由於國際法庭地處歐洲，距離遙遠，其所需人員之往返，及相關資料之蒐集、論證，均頗費周

章，所費不貲；再則國際法庭成員，對相關準據法是否充分瞭解，亦不無疑問，因此以國際法庭爲管轄法院，可能形成金錢、人力上之負擔，而其所爲判決是否迅速、適當，亦是當事人考慮之因素。

(二)準據法以外法律之適用

無論依雙方當事人合意而選擇之準據法，或經由法院或仲裁組織所選定之準據法，其對合約或與合約有關之爭議，具有規範之作用。但準據法卻並非唯一得規範雙方當事人或合約之唯一法律，在某些情形下，其他國家或地區之法律，或有關之國際公約，亦可產生某種程度之規範作用，尤其在具有公權力介入之情形，更是常見。在其他國家法律適用之情形，尤其在移轉人或受移轉人國家，其與技術移轉有密切之關連，更多所適用：

(1) 與公共政策或社會公益等有關之法律，尤指移轉人或受移轉人之國家。

(2) 有關技術移轉或外資之法律規範，尤指受移轉人國家。如合約之申請核准等。

(3) 智慧財產權保護之法律，任何一個國家之相關法律都可能有其適用。

(4) 進出口管制之法律規範。

(5) 稅法及其相關法令。

(6) 外滙管制之法律規範，尤指受移轉人國家。

(7) 公平交易法或反托拉斯、壟斷之法律。

(8) 刑法，尤指產品責任及其他致使人傷亡之情形。

(三)商議、調解 (Negotiation, Conciliation)

對於因技術移轉所引起之任何爭端或歧見，雙方當事人應先行溝通，以試行和解之方式，就有關之爭議，提出討論、商議，以謀解決。而該

商議之時間、地點、方式，亦應在合約中規定，以資適用。

在經由商議仍無法解決雙方之爭議時，並得以合約規定，經由雙方同意後，指定調解人，進行調解之程序，如此或將有助於問題之釐清及爭端之解決。雖然調解之結果，並無絕對之拘束力，但雙方當事人，基於誠信原則，應就有關調解之結果，予以尊重。

由於商議（Negotiation）及調解（Conciliation）為較方便又經濟之爭議解決方式，雙方當事人得經由多次之溝通、協調，而逐漸取得共識，因此一般技術移轉合約中，亦有專款規定其有關之程序、方法。茲將其有關內容略述如下：

「任何有關合約上之爭議，在進行訴訟（或仲裁）前，雙方當事人應先依合意之時間、地點，進行面對面之溝通、商議，並竭力尋求解決。

前項之商議無法解決爭端時，並得經雙方當事人同意後，進行調解；調解人由雙方合意指定之；若無法合意指定時，由管轄法院，或仲裁組織指定之。調解之結果，雙方當事人應予以尊重。」

因此商議及調解，已逐漸成為訴訟或仲裁前之溝通方式，且若一旦載於合約中，明示其階段性質時，則雙方當事人，對有關之爭議，須先進行商議或調解之程序，否則不得逕行訴訟或仲裁之程序；若未經商議或調解時，其管轄法院或仲裁組織，得令其先行商議或調解，或依職權駁回其訴訟或仲裁之申請。

（四）訴訟、仲裁

1.訴訟

訴訟為爭端解決最常見之方法，而其也因準據法適用、解釋之方便起見，多指定由準據法所在地之法院管轄。其一則以考慮準據法之適用，另則以訴訟通常在有關國家之法院進行，較有利或方便當事人之準備，

或主張、抗辯及其程序進行之瞭解與控制，因此不失爲一解決爭議之最好方法。

選擇法院管轄時，除有前述管轄權之問題外，亦應注意法庭地對當事人準據法選擇之規定，其是否卽爲訴訟時所適用之法律。另外準據法與管轄法院分屬不同國家時，其認定事實、援引法律，是否能如當事人所預期之效果。由於一般法院對他國法律規範並不熟稔，因此管轄法院與準據法不同一國家之情形，儘量避免使用。

另外，與選擇管轄法院有重大關連之因素爲判決之強制執行。訴訟最大之目的，除爭端之解決外，則爲義務之履行；若經判決確定後，敗訴之一方拒不履行時，則生強制執行之問題，因此選擇法院時，亦可能著重其將來強制執行進行之方便與目的之達成。如判決承認之問題，義務、作爲之履行，或損害賠償之實現。

2.仲裁

國際商務仲裁 (International Commercial Arbitration)，在國際合約中，可說最常見之一種爭端解決方式。尤其在著名之國際仲裁機構及國際仲裁程序規範之下，進行商務仲裁，一則以該機構之權威性，及有關程序規範之詳細週全，再則以其仲裁過程及仲裁判斷 (Arbitral Awards) 之中立性及客觀性，雙方當事人都普遍願意接受其規範，且亦較能獲致合理、公正之判斷，及滿意之結果。

但是，雙方當事人在選擇商務仲裁爲其爭議解決之方法時，仍應注意該仲裁組織、程序、方式是否合乎有關時效、利益、權威及公正合理等原則。在時效及利益上，商務仲裁雖可能較訴訟方式減少時間上之拖延，及財力上之負擔，但有時仲裁機構距離遙遠，程序進行也因而曠廢時日，雖其仲裁費用較諸訴訟費用爲低，但時間上之損失，及相關程序上之費用，如資訊之溝通往來等，可能耗費更大，而其因多非可藉公權

力指揮運作之機構，往往須透過有關國家公權力之配合進行或執行，再加距離、時間之因素，反而造成有關費用之增加及時間上之延誤。是以國際商務仲裁，與訴訟進行上，是否相對有利，當事人應審慎衡量。

在權威性及公正合理原則上，除如「國際商會仲裁法庭」(The ICC Court of Arbitration)、「國際投資爭端解決中心」(International Centre for Settlement of Investment Disputes)、「聯合國國際貿易法委員會仲裁規則」(The Arbitration Rules of the UNCITRAL) 等國際性組織或其仲裁規範外，及其他著名之區域性仲裁組織，如「美國仲裁協會」(American Arbitration Association—AAA)，其一則以主要處理國際商務仲裁事務，或經常有關國際仲裁經驗，對有關程序之進行、問題之解決等較具經驗，所以其權威性或中立性較能受到肯定，而其對處理爭議之公正合理性，也因爲其組織聲譽、信用之需要，也較能平衡當事人之權益。但其他區域性之組織，尤其在與當事人利害關係有關之區域性組織，如各國之公會、商會等，或當事人自行設立、舉行之特別仲裁 (Ad Hoc Arbitration)，其公正合理之權威性，則不無懷疑。

因此雙方當事人在選擇以仲裁爲紛爭解決之方式時，除衡量時效、利益外，儘量以國際間著名之仲裁組織爲對象，或應以國際仲裁組織之程序規範爲依據，以避免不必要之損失。尤其在攸關國計民生之技術移轉，或合約標的金額相當大之情形，國際仲裁組織及其規範，可能是最合理之選擇。

(1) 合約應規定事項：若以仲裁爲爭議解決方法時，合約中應詳細規範與仲裁有關之事項，及仲裁程序進行時，雙方當事人之權利義務。

(a) 一般規定：除準據法之選擇另行規定外，亦可授權由仲裁人選擇其準據法。而合約中亦須明文規定如：「所有因本合約所生或與本合

約有關之爭議，雙方當事人同意，以仲裁方式解決。」另外在仲裁中，雙方仍應繼續履行合約。

若因合約不履行或遲延履行所生之爭端，提請仲裁時，在提出仲裁前，應先向不履行或遲延履行之一方，以書面方式通知促其於一定期間履行，或賠償遲延所生之損害，若期間屆滿仍不履行或賠償時，始得提請仲裁。

另外，合約中若定有商議、調解之先行程序時，亦須先進行商議、調解，若無法經由商議、調解解決爭議時，始有仲裁之適用；但商議、調解之結果，並不具最終之拘束力，因此當事人若對其結果不同意時，仍得提請仲裁。

(b) 仲裁人之選擇及人數：仲裁人之選定，一般由當事人決定。在仲裁人為一人時，須經雙方之同意選擇；在仲裁人為三人時，雙方當事人各指定一名，該第三名仲裁人，則由雙方當事人合意選擇，且通常皆為主任仲裁人。在仲裁人為一人時，或第三名仲裁人之選擇，雙方當事人若無法合意指定時，則由有關仲裁組織或當地法院決定之。而一般商務仲裁，其仲裁人以三名之情形最普遍。

至於依有關仲裁組織、規範而為仲裁時，除以當事人意思選定仲裁人外，若有關組織或規範有特別規定時，應依該規範之規定。

(c) 仲裁地及程序法：仲裁地之選擇，除有關仲裁規範有特別規定，而須依其規定外，當事人應於合約中載明仲裁之地點，如臺灣、臺北。在選擇仲裁地之情形，應考慮適用之仲裁程序法，因為一般仲裁判斷，其程序上或判斷書內容等之瑕疵或錯誤等之爭議，可能須以司法程序解決，而仲裁地法院可能成為管轄法院，因此仲裁地與仲裁程序法為同一國家司法或主權領域內者較適當，以免造成不必要之爭議。另外有些國家亦規定，仲裁地之程序法為仲裁程序之規範。由此可見仲裁地與仲裁

程序法一致之重要性。

　　若依國際仲裁組織規範爲仲裁時，除該組織之仲裁規範有其適用外，其仲裁所在地之法律亦可能有其適用，尤其在有關國際仲裁組織未規範，且當事人又未選定其他仲裁程序法時，最爲普遍。

　　而仲裁地及仲裁程序法，其與合約爭議間，最好亦須有其關連，例如當事人住所地、行爲地、履行地等，一則以將來仲裁事項若有爭議，而須訴諸司法途徑解決時，若無其關連性，有些國家拒絕審理或覆核仲裁判斷，再則以可減少執行時承認之問題。

　　(d) 使用語言文字：有關仲裁程序、仲裁判斷書之作成等，其語言、文字之使用，並應於合約中載明。其有兩種以上時，最好明定其中一種爲正式 (Official) 用法。

　　(2) 仲裁判斷與強制執行：仲裁判斷 (Arbitral Award) 爲仲裁之決定，雙方當事人均有受其拘束之效力，除有關法律之特別規定外，仲裁判斷與法院確定判決，有同一效力。而仲裁判斷之強制執行，往往須經法院之承認，尤其外國仲裁判斷，唯有經聲請法院裁定承認後，始得爲執行名義。

　　因此，爲求仲裁目的之達成，或合約權益之確保，在選擇仲裁地時，應充分考慮執行地及仲裁判斷承認之問題。所以一般仲裁地多半爲有財產可供執行之地，或得實現其權利之地，且亦須避免仲裁判斷無法獲得承認，而影響強制執行之進行者。尤其在以下情形，已爲多數國家所接受應由法院依聲請駁回（紐約公約第五條）：

　　(a) 依仲裁地法，該仲裁合約因缺少要件而無效。

　　(b) 仲裁人之組成，雙方當事人未約定時，未依仲裁地法組成時。

　　(c) 仲裁程序，雙方當事人未有約定，而未依仲裁地法進行時。

　　(d) 仲裁判斷，依仲裁地法尚未發生效力，或暫停執行，或經撤銷

者。

(3) 國際仲裁組織簡介:

(a) 聯合國仲裁規則: 該規則是聯合國國際貿易法委員會所制定採行之規範, 基於國際商務仲裁, 已逐漸成爲解決合約爭議之最普遍方法, 因此爲使不同法律、社會、經濟制度之國家, 均能接受仲裁結果, 乃有該規範之制定。由於該規範之權威性, 及相關程序之完整詳細, 實可作爲當事人選擇仲裁程序法之依據。尤其該仲裁規範, 並無其仲裁組織, 當事人得在任何約定或經仲裁人指定之地點, 依該仲裁規範之相關仲裁程序原則進行。

(b) 國際商會仲裁法庭: 該組織爲一位在巴黎之常設仲裁機構, 有其仲裁程序規則及行政組織。而有關仲裁人之組成, 若由當事人自行指定時, 須經仲裁法庭之確認; 若無法選定或無選定仲裁人之規定時, 則由仲裁法庭決定之。

(c) 國際投資爭端解決中心: 此爲國際復興及開發銀行 (或稱世界銀行) 贊助下, 爲解決私人企業前往他國, 與該國政府或公營機構、企業進行投資時, 所生有關投資爭議之問題, 但該雙方當事人均須爲該公約之會員國。雖然國內技術移轉適用之機會不大, 但若干跨國性公司, 或登記他國之國內企業, 前往開發中國家, 進行有關之合資性質之技術移轉時, 可能有所適用。

第十一節　技術移轉合約檢核表

技術移轉合約, 其牽涉技術種類不同, 國家、企業需求, 目的差異, 及合約內容之廣泛, 實很難有一標準模式可資參考; 但一般合約共通性的條款, 或可能面對之類似問題, 卻可有一廣泛接受之原則。在此

玆將相關注意事項，逐條列舉，以爲參考。

（一）當　事　人

　　1.公司名稱、登記地址須正確無誤。

　　2.分公司爲簽約主體時，應在其營業範圍內。

　　3.公司之部門不得爲當事人。

　　4.簽約人應有授權。

（二）定　　義

　　1.技術特質及移轉程序、方法、目的。

　　2.產品名稱、種類、數量、特性、品質。

　　3.技術援助內容、範圍、程度。

　　4.技術及技術援助提供方法。

　　5.改良之內容、範圍。

（三）期　　間

　　1.時間應可達移轉目的（五～十年）。

　　2.延期通知。

　　3.合意延期。

（四）絕對授權與否（Exclusivity）

　　1.生產、製造、銷售之唯一授權。

　　2.至少在本國爲絕對授權。

（五）專利權、著作權

　　1.有關權利之授予。

　　2.使用、生產、製造、銷售、再授權。

　　3.侵害他人專利、著作權之處置。

　　4.受侵害之救濟、賠償。

　　5.專利、著作權期間，以定權利金（期滿不須支付）。

(六)商　標

1.名稱、圖形、圖案。

2.可使用之範圍。

3.產品附加雙方商標（但須注意品質管制之要求）。

(七)改良之介入瞭解

1.雙方之改良提供授權。

2.雙方均可介入瞭解其改良。

3.改良授權以移轉技術、產品爲限。

4.改良包括新專利、著作權。

5.Grant-back 須詳細定義，或改爲 Cross-licensing。

(八)原、材料供應或其他重要零、組件之取得

1.不得限制供應或取得來源。

2.價格須具國際上合理水準。

3.不得高於其他受移轉人之價格。

4.成本價加上必要費用（若由移轉人供應）。

5.最優惠受移轉人條款（Most-favored-licensee）。

(九)權利金支付

1.不得高於其他受移轉人。

2.不得有「最低標準額」(Minimum Annual Royalties) 之限制。

3.以生產或銷售爲計算標準，應扣除自移轉人取得原、材料，零、組件等之成本。

4.以出廠價爲計算標準。

5.稅負須由移轉人負擔。

(十)銷售區域

1.全球，除其他受移轉人絕對授權之區域。

2.要求重要市場（如國內、相關國家）之絕對授權。

3.合理限制：如移轉人製造地、國；合法限制：如出口管制地區。

(十一)保密條款

1.不包括過期之智慧財產權。

2.不包括已公開之 Know-how、商業機密。

3.不得限制受移轉人員工之介入瞭解該技術。

(十二)審查、報告

1.定期財務報表提供。

2.生產、銷售紀錄提供（但僅與品質有關為限）。

3.生產流程之紀錄。

4.其他與合約目的有關之紀錄。

5.審查有關流程（限於該技術、產品有關）。

(十三)再授權之准許

1.權利金比例支付予移轉人。

2.相同保密義務。

(十四)權利讓渡，雙方均不准許

(十五)保　　證

1.各階段技術援助保證、文件、資料提供。

2.履行合約之保證，如準時性、功能性、目的性。

3.機器、設備、原、材料供應之保證。

(十六)保　　險

1.雙方均應保險。

2.每年或定期更新。

3.有關報表提供對方。

（十七）貨幣條款

1. 可轉換強勢貨幣。

2. 滙率。

（十八）權利金及其他支付方式

1. 現金（如薪資）。

2. 銀行支票、本票、滙票。

3. 信用狀。

4. 個人支票、本票。

（十九）訓　　練

1. 在移轉人處之事先訓練。

2. 訓練之人員、範圍、期間。

3. 繼續之訓練（如改良之使用）。

4. 現場訓練（在受移轉人現場）。

（二十）最優惠受移轉人條款（Most-favored-licensee Clause）

1. 不高於其他受移轉人價格。

2. 不高於國際合理價格。

3. 優先供應設備、機器、原、材料，零、組件。

（二十一）合約期滿效力

1. 得繼續使用該技術（得減少權利金支付）。

2. 不妨害未履行義務之繼續履行。

3. 相關資料文件之保留。

（二十二）合約終止

1. 終止之通知（90天）。

2. 不履行合約之終止。

3. 法定終止原因（如依相關國家法律）。

4.不可抗力事件而終止。

5.其他如破產、清算、重整、重大所有權變更、重大債務、重大債權無法收回而終止合約。

(二十三)存續條款 (Survival Clause)

1.出口管制。

2.侵害或受侵害他人智慧財產權。

3.保密條款（但須有期限）。

4.爭議解決條款（包括準據法）。

(二十四)出口管制之許可

1.取得許可。

2.損害賠償。

(二十五)查詢移轉人智慧財產權之條款

1.是否合法、有效。

2.是否過期。

(二十六)不可抗力事件

1.雙方均有適用。

2.通知及證明義務。

3.終止合約。

(二十七)語言、文字之合意使用

(二十八)準　據　法

1.以受移轉人或移轉人國為主。

2.不排除其他法律之規範作用。

3.直接選擇實體法較理想。

(二十九)商議、調解

1.若有爭議，應自行商議、調解。

2.並無最終拘束力。

（三十）訴訟或仲裁

1.爭議解決之方法。

2.程序法之適用。

3.仲裁組成及人數。

4.仲裁地點。

5.仲裁組織之選擇。

6.管轄法院。

7.在進行仲裁程序中，仍應履行合約義務。

參考書籍期刊

1. *Draft international code of conduct on the transfer of technology,* TD/CODE TOT/47 June 1985, United Nations.

2. *Guidelines for the acquisition of foreign technology in developing couneries with special reference to technology licence agreement,* United Nations Industrial Development Organization, 1973.

3. *Manual on the establishment of industrial Joint-venture agreement in developing countries,* United Nations 70. II. E. 15.

4. UNIDO, *Guidelines for evaluation of transfer of technology agreement, Development and Transfer of Technology Series,* No. 12, New York, 1979.

5. WIPO, *Licensing Guide For Developing Countries,* Geneva, 1977.

6. *Handbook on the acquisition of technology by developing countries,* Prepared by the Secretariat of UNCTAD.

7. D. Vagts, *Transnational Business Problems,* 1986, Foundation

Press Inc.

8. *An Executive's Complete Guide to Licensing,* Roger A. McCaffrey, Thomas A. Meyer, Dow Jones-Irwin, 1989.

9. *The Arbitration Rules of the United Nations Commission for International Trade Law* (UNCITRAL), 1976.

10. *Rules of the ICC Court of Arbitration,* 1975.

11. *Convention on the Settlement of Investment Disputes Between States and Nationals of Other States.*

12. *United Nations Conference on International Commercial Arbitration, Convention on the Recognition and Enforecement of Foreign Arbitral Awards,* June 10, 1958.

第四章　政府在技術移轉之功能

　　技術移轉不僅關係著一個企業、產業之成敗及興衰，且對一國未來之經濟發展及技術之研究創新，更有著重大之影響。因此政府對於技術移轉，不只須加以鼓勵，更須嚴以規範，如此相輔相成，才能更使技術移轉之目的達成。尤其在開發中國家，一則以有關資訊之閉塞，再則以內部資源或外滙之短缺等因素，更須藉助政府在各方管道流暢及對整體經濟之規劃原則，提供必要之協助，及透過公權力之約束，以使技術移轉之相關計劃順利推動。所以政府應扮演規範監督及獎勵協助之角色及功能，一方面建立適當之法律規範，以保障國內企業權益，並進而提昇經濟發展；另方面則透過行政措施及管道，提供資訊，並形成國內企業與國外移轉人之橋樑。

第一節　政府之角色功能

　　政府一方面具有獎勵輔導之功能，另方面也須對技術移轉加以規範監督，這在所有開發中國家，幾乎都有相同的共識。且因技術移轉牽涉之範圍極廣，又多具有政策性功能，因此政府不僅須有完整詳細之規劃

及措施，亦須有專責機構以總其成，如此不僅才能節省時間、減少不必要之浪費，也才對企業成長、經濟發展、技術提昇有實質之助益。

(一)專責機構之建立

如前所述，技術移轉牽涉層面極廣，因此從計劃之擬定，技術之移轉，乃至以後之追踪監督，及未來之需求等，均須建立一專責機構統籌進行，如此也可避免規劃上之不持續或不連貫，及政府與企業相關人力、財力、物力等之不必要浪費。

1.組織及成員

專責機構之組織，在功能發揮上，須具有決策形成、計劃擬定、執行，技術移轉之審議、批准、監督等整體及一貫性之作為及效力。因此往往是最高行政組織下之直屬單位，也是跨部門之組織，一則以因有關計劃層次相當高，所以須有充分決策之授權，以避免轉承之時間浪費，再則以其所涉內容廣泛，職掌可能原分屬各部門，如：經濟、財政、內政等，所以為取得充分之溝通協調，及其相關專業之需求，應將政府有關部門成員融入組合而成。

而該專責機構之成員，尤其指決策形成及審議上，須有政府官員、學者專家、工商業人士組成。在政府官員方面，各相關部門之決策人員，如：部長、次長為當然成員，但各該部門首長，無法實際參與有關決策、審議之事項者，亦不宜虛列其位，而應指定該部門具實際參與又有決策權者加入，如各部門之次長；此外政府有關非日常業務部門，如研究發展或長程規劃之部門首長，亦應為當然成員，因技術移轉可能與國家未來發展需求須配合進行。在學者專家部分，並不以技術專業人士為主，其餘有關財經、法律、社會學者，均有其一定之角色功能；另外專家學者應對國內工業、經濟、社會有所瞭解外，更應對其相關領域之國際事務或未來發展，有專門研究。在工商界人士方面，一則可以代表

相關產業之需求，另則以具與國外技術合作經驗之人士參與。總之，該組織之決策成員，不僅須對政府政策及政府關係有密切關連，更應對相關產業、技術及相關領域有其代表性及實質之專業性。

決策委員會組織外，其下更須有相關之計劃、執行、追踪考核等部門，負責一般日常事務，及長期規劃事宜。除一般事務可由相關行政人員負責外，在有關計劃及考核方面，則須由專業人員負責任，尤其資訊分析、評估，法令規章之草擬、修訂，技術移轉之追踪、考核、合約建議，在在都需要科學化、專業化之組織與管理。因此其人員之配置應依經濟發展、產業技術、法律規範等建立相關之組織，分開進行，以作為決策單位之參考依據。

2.業務及功能

在日常業務方面，主要為技術移轉之審核、批准、管理，相關資料之蒐集、整理，以供研究、規劃或決策、審議之用。而檔案及圖書之設立，更是日常業務最重要之一環。檔案包括有關紀錄、申請資料、技術移轉之相關文件及考核追踪之評估、報告等。在圖書方面，則包括國內外相關圖書、期刊、學術論文之收集、分類，尤其對具有參考適用性質或未來發展影響性質者，更須透過各種管道，或直接或由相關部門、教育機構、工商組織協助收集。因此該組織應有圖書館之建立，一則為內部研究、參考之用，再則開放給有關學術研究或工商企業，從事研究或技術移轉之參考。而該圖書館更須與其他國家或相關國際組織建立密切關係，尤其相關國際組織之資料中心，常有最新之研究發展資料，或相關之指引規範及公約協定之更新、修正，以利於掌握最新國際動態。

在研究、規劃方面，除從時間上為區分長、中、短期計劃擬定外，也應依技術種類、專業領域而區分，一方面分別進行研究工作，另方面則透過科技整合之方式，進行溝通、協調，以進行策略規劃。研究、規

劃不僅着重於資料分析，更應對過去經驗提出評估，配合國際間最新之研究、發展及國際組織之規範、建議，作一整體性之評估、規劃，如此才不至於畫地自限。研究、規劃應建立法令規範以爲決策之參考，及國家法令之制定依據；在法令規範建立方面，應廣泛收集有關資料，尤其相關合約及國際組織之規範指引，最具有前瞻性及現實權益考量。在考核追踪方面，應對各個技術移轉，以科學化之方式，建立起功能性分析爲目的之追踪，以研究其成效，並加以必要之監督、規範，一則以確實掌握進行程度與目的達成之關連性，另則可爲將來之借鏡。

在決策、審議方面，其委員會組織應定期集會，對有關之計劃案件，形成決策，並調合各部門之意見，或交待有關業務，及指定相關問題交由研究單位，進行必要之分析、規劃，並擬定計劃，以爲委員會之決策參考或依據。

3.專責機構之組織分配

(1) 技術移轉委員會（主任委員制）:

　　A. 政府官員:

　　　　(a) 經濟部: 負責經濟、技術、工業事宜。

　　　　(b) 財政部: 負責財政、金融、外滙管理事宜。

　　　　(c) 內政部: 負責著作權、土地、建築事宜。

　　　　(d) 經建會: 配合國家中、長期經濟發展。

　　　　(e) 環保署: 研究技術移轉產業之環保問題。

　　　　(f) 農委會: 農技移轉農、工協調配合等問題。

　　B. 專家學者:

　　　　(a) 各相關領域之學者專家: 如技術、財經、法律。

　　　　(b) 國際投資業務律師、會計師。

　　C. 工商界人士:

　　　　(a) 工業總會。

　　　　(b) 產業工會: 指政府獎勵輔導之產業, 如高科技, 及其他
　　　　　　重要產業工會。

　　(2) 委員會下幕僚組織:

　　　A. 日常業務處:

　　　　(a) 收發、登記。

　　　　(b) 審核、諮詢。

　　　　(c) 追踪、考察。

　　　　(d) 圖書資料中心及國際聯絡。

　　　B. 研究規劃處:

　　　　(a) 技術: 相關資料收集、分析、評估。

　　　　(b) 財經: 財政、金融、貿易分析研究。

　　　　(c) 法律: 國內外法律規範及合約研究。

　　　　(d) 環保: 技術移轉之環保預防、處理。

　　　　(e) 社會及教育: 勞工問題、技術教育。

　　　　(f) 國際資料研究。

　　　C. 秘書室。

　　　D. 會計室。

　　　E. 人事室。

　　　F. 總務室。

(二)技術移轉之協助輔導

　　政府在技術移轉其中之功能, 即有關之獎勵及輔導。其必需瞭解國
內經濟之需求及條件配合, 建立起重點輔助之產業, 並提供相關資訊服
務, 以協助進行技術移轉。

1.輔導產業之選擇

選擇輔導之產業，第一須考慮本國之條件、能力。在條件方面指如自然、人力資源之情形。若有充沛之自然資源，引進相關之產業技術，以開發或利用該自然資源；人力資源，則多指量大、價廉、質優三者爲其所具有之條件，因此勞力密集之產業可能較適合初期之發展。目前我國在勞力資源方面，已不在是量大價廉之情形，但在技術層次、教育水準卻是相當的高，因此應是如何引進資本、技術密集產業，以充分利用高水準之技術人才。在能力方面，包括前述之技術能力、財政負擔之能力、經營管理能力，尤其一些開發中國家，外滙短缺嚴重，因此引進之技術必需減少進口原材料或設備、機器，或尋求合資方式，或取得相關之開發基金援助。

其次則須考慮國內之需求，及國際市場之競爭及需要。前者指引進之產業，必須符合現階段人民提昇生活水準之需要，或得以帶動相關產業之發展，或得以成爲國內之民族工業；在考慮國際市場時，不僅須注意其市場之需求，更應衡量本身之競爭能力，例如價錢、品質之競爭，因此唯有具競爭力且符合國際市場需求之產業，才可能發生出口創滙之作用。

另外則是提昇研究發展，促進經濟繁榮。也就是引進之技術，應具有可繼續研究、創新，更能配合世界潮流、趨勢；再者，對未來國內經濟力之持續，更應有其助益。而在國內而言，爲配合環保需求，國際未來科技及經濟發展，則須以高科技、高附加價值、低污染、低能源利用之技術密集、資本密集之產業爲主，而其市場性之需求，則應兼顧時、空領域，卽未來性及全球市場需求，不可局限於美國市場或現階段之需求爲滿足。

2.提供國外企業及技術資訊

在技術方面，不僅指相關企業發展之技術，更應及於研究機構發展

之技術，及基礎研究可供應用於技術發展者。因此應就所選定之產業，在相關需求性及未來性之原則下，尋求、收集相關之資訊，並分門別類，加以分析、評估，提供給國內企業參考。而國內企業，不論以其過去經驗或現階段之技術移轉，均應協助政府，一方面讓政府瞭解國內需求，另方面亦可避免重蹈錯誤。而為資訊收集，各相關產業之技術刊物、研究討論會議、學術著作發表等均應廣泛收集，尤其對於產業之最新及未來可能發展動態，更應有評估、預測之能力。

在企業方面，對於國際間著名之跨國性企業，或在選定產業上有特別成就者，其相關資料應予以收錄，如：公司組織、生產、製造、研發、市場銷售、財務狀況、其合作對象，包括受移轉人之資料，及其技術移轉之過程、結果、市場等，均須按產業、企業別，分門別類，建立完善之資料檔案，並加以分析、評估後，分註有關意見或建議事項。而對有關企業後續之進展，亦應持續追蹤，尤其對相關技術發展及其技術合作對象之有關資料，更應定期予以增列並分析。

3.吸引國外技術之輸入

對於吸引國外移轉人與本國企業合作，一則在相關法令規範內，建立優惠條件，另外則應將國內資訊及需求，向可能之移轉人提供，以促其瞭解國內環境。

在法令規範及行政措施方面，如：租稅之減免、特別工業區之設立，以減少土地、廠房設立等之問題，進出口限制之優惠、資金之取得，市場之開發促進、勞工之技術訓練、有關技術教育之配合等。因此其主要之方向有以下幾種：

(1) 生產、製造之順利進行。

(2) 市場、銷售之流暢無阻。

(3) 資本、資金之取得簡易。

(4) 勞工、技術之和諧嫻熟。

(5) 權利金或股利之外移保障。

(6) 相關租稅之減免優惠。

在對可能移轉人提供資訊方面，可對特定之對象進行簡報或寄送文件資料，亦可在有關媒體，如報章、雜誌上廣為介紹。而有關之內容除包括國內產業資訊外，其他之政治、社會、法律、財經、教育、交通各方面之設施、建設、規範等亦應加以詳實之介紹，尤其在財經之法律、政策方面，往往是攸關企業之生存發展。有關之介紹在時間上應配合工業發展政策、產業技術需求及層次、相關法令規範等作最新之修正；在空間上不可局限於某一地區；如美國，更應兼顧技術、市場等因素，普遍進行。

4.協助技術移轉合約之草擬

技術移轉合約，規範雙方當事人之權利、義務，因其具有創設法律之作用，因此與有關目的之是否能夠達成息息相關。一般企業對法律規範欠缺瞭解，且多缺少實際草擬合約經驗及能力，因此政府可提供相關之模式或法律規範以資參考。但是政府也不須實際參與合約談判、草擬之運作，一則以有關合約牽涉技術層面太廣太細，政府並無法提供充分支援，仍須由企業依其需求而定；另外若有關細節均由政府介入處理，則企業本身技術能力之發展亦將因有所依賴而阻礙其成長。

有關技術合約之協助，一則在將最有利之一般合約規範，分別予以建立，並可採多種標準，以供選擇適用，例如權利金支付，可以銷售、生產、利潤等為標準而提供相關模式；銷售區域亦可有：a.全球絕對授權；b.本國絕對授權；c.本國、相關鄰國絕對授權等種種選擇標準。最重要者，任何選擇標準均須符合有關目的之達成，並考慮成本支出。另外合約草擬亦應考慮本國之法律規範，雖然準據法可由當事人決定，但

本國法律仍有其適用之原則，且有關技術移轉及合約仍須經過政府之批准，所以其批准與否，仍應配合觀察本國法律與合約間之關連性再做決定。

(三)技術移轉之規範

技術移轉固可促進經濟之繁榮，提昇人民生活水準，但若無限制的引進相關技術，卻也可能對國家社會造成衝擊，尤其在須要大量進口國外機器設備，及高額的權利金支付方面，若無法相對的以出口創滙方式，彌補外滙的流失，則國家經濟力可能益形萎縮。另外，引進之技術，能否充分吸收，應用發展，亦關係著一國將來之研究發展能力，所以技術移轉須透過法律及相關行政措施，加以規範，以期達到發展經濟、提昇技術之目的。

1.移轉計劃及合約之批准

在進行技術移轉前，國內企業或與其合作對象，須向技術移轉委員會，提出有關技術移轉之計劃，申請登記，並取得有關計劃之批准。在計劃書中須包括以下之項目及內容：

(1) 雙方當事人之背景資料：

　(a) 公司名稱，登記住所，資本額，重要股東，成立時間。

　(b) 營業處所，營業內容及範圍，銷售區域，分公司，子公司之處所。

　(c) 前五年之財務狀況（財務報表）。

(2) 移轉之技術內容及範圍：

　(a) 移轉人之研究發展情形。

　(b) 移轉人之生產、製造及產品。

　(c) 移轉所須之機器設備及原材料，或相關零組件，及其來源。

　(b) 授權之智慧財產權及其他權利之範圍、內容，及其合法性。

(e) 有關之出口管制規定。

(f) 權利金之計算標準，支付方式。

(g) 銷售區域及相關限制條件。

(h) 合約期間。

(3) 受移轉人之準備情形：

(a) 資金取得來源、方式（尤指設備採購及權利金支付）。

(b) 生產、製造之配合條件。

(c) 技術、管理人員之資格、能力。

(d) 銷售方式、區域及其它計劃。

(e) 移轉技術取得、應用之階段計劃。

有關計劃經批准後，始得進行合約之談判及草擬。合約草擬完成，仍須送委員會登記，此時委員會仍應就該合約與批准之計劃核對，若有不符合情形，移轉人及受移轉人應提出說明或補正，經補正登記完成，始得正式進行有關之技術移轉，而申請登記之程序也告完成。

至於申請至批准之時間，扣除合約草擬之時間，雖因移轉技術之內容而異，但一般仍須制定相關之時間表，或依項目而區分，或以整個計劃為依據；除有關資料之缺補更正外，以三個月期間較為理想，但亦得依技術移轉之需求性、急迫性等，區分審核時間，愈符合需求之技術，應優先並加快處理。

2.審核之標準

技術移轉之計劃及合約之批准，須經委員會下之幕僚單位進行初審，初審通過後，呈委員會做政策性之審核。

(1) 初審之範圍：

A. 程序審核：如相關資料文件，或表格完整與否。

B. 技術部分：

  (a) 需求性: 國內及國際市場需求。

  (b) 適當性。

  (c) 新穎性: 是否過時技術。

  (d) 未來性。

  (e) 合法性: 是否違禁品或有無其他限制等。

  (f) 移轉限制。

  (g) 應用發展。

  (h) 國內條件配合。

  (i) 期間。

  (j) 經濟效益。

 C. 合約部分:

  (a) 公平、合理原則。

  (b) 合法。

  (c) 損害救濟及其程序。

  (d) 終止、期滿效力。

(2) 委員會之審核:

 A. 經濟發展。

 B. 財政、金融政策。

 C. 社會因素。

 D. 其他政策性評估。

3.追踪考核

  爲使技術移轉目的之達成，及其後之參考借鏡，所有之技術移轉，應建立檔案追踪，並予以定期評估。

  在受移轉技術之企業，應定期向委員會提供其移轉進行之狀況。包括技術之吸收、運用及其應用發展或改良，生產製造及產品狀況，營業

銷售及財務狀況，另外則是與移轉人之關係是否和諧、順利。政府機構則須將有關問卷資料，配合經濟、技術等之目的需求等，進行分析、評估，並加註意見或建議，依成功、失敗、待改進等個案，並依產業別，予以歸檔，一則作爲以後技術移轉之參考依據，另則依有關問題，尋求其解決或補救辦法。唯有持續之追蹤考察評估，政府在技術移轉之角色功能，才可說完全成功。

第二節　技術移轉特別法之制定

爲使技術移轉能有效達成開發資源，發展經濟，促進技術之研究發展，及提高人民生活水準等目的，政府應對技術移轉之獎勵及限制，在原則性之部分，以制定法律來規範，在技術細節及申請批准等程序上，配合較具時、空需求彈性之行政措施以爲管理。而在法律之時段性及位階性而言，有關技術移轉之特別法，應優先其他法律而適用；若在特別法間之位階性不明確時，一則以技術移轉之事項適用「技術移轉法」，或以請大法官會議解釋之方式，尋求合理之解決。

(一)技術移轉特別法

該法可爲單獨立法，亦可併入有關涉外投資之特別法中，以專章另行規定。而其應加以規範之內容大約如下：

1.技術之適當性

(1) 自然資源之開發利用。

(2) 人力資源之充分利用。

(3) 資本密集、技術密集程度。

(4) 低污染、低能源利用，高科技、高附加價值（目前我國之需求技術）。

(5) 資本財，原、材料，零、組件之進口與自給自足比率。

(6) 出口創滙能力。

(7) 權利金之外滙支出。

(8) 促進相關產業或上下游產業發展。

(9) 提昇技術競爭及研究發展能力。

(10) 國外技術援助與國內技術提供比率。

(11) 產品、市場之國內、國際競爭能力及國際需求。

(12) 技術之未來發展及需求。

(13) 符合相關出口限制。

(14) 非禁止運用之技術或生產之產品。

2.外資之投入與否

(1) 50％以上外資時，須加重出口比率。

(2) 外資愈少，技術移轉合約範圍愈大。

(3) 外資比例與權利金應成反比。

(4) 策略性產業，儘量以非合資企業之技術移轉進行(Non-equity Licensing)。

(5) 技術層次愈高，出口金額較大者，可有較大外資。

(6) 外資在某些策略性產業，應逐年減少。

3.技術移轉合約之規範

(1) 移轉人:

(a) 具國際經驗，或國際知名企業或研究機構。

(b) 有特殊研究發展成果。

(c) 國際市場暢通。

(d) 財務狀況良好。

(e) 與其他受移轉人關係和諧，合作成功。

(2) 合約期間：

  (a) 以五至十年為準。

  (b) 合約不得任意延長。

  (c) 合約延長，應降低權利金，或得增加出口。

(3) 技術改良：

  (a) 移轉人應提供技術改良，包括新智慧財產權。

  (b) 最新技術及改良。

  (c) 受移轉人應可介入、瞭解改良。

  (d)「反授權」僅限於移轉技術改良部分，不包括創新發明。

(4) 授權製造、生產：

  (a) 至少在本國為絕對授權。

  (b) 必要時相關國家亦有絕對授權。

(5) 授權銷售：全球無限制之銷售區域，且價格自定。

(6) 再授權：在本國內應予以准許。

(7) 原材料、零組件之取得：

  (a) 不得僅限於移轉人及其子公司或關係企業或其指定之人。

  (b) 應以成本加上必要費用為售價（若為移轉人提供）。

  (c) 不得高於其他受移轉人之價格，否則應降低（若為移轉人供應）。

(8) 本國不得限制使用移轉人商標。

(9) 必要之技術援助及訓練，以達成技術之吸收、運用。

(10) 出口不得有附加價款限制。

(11) 技術移轉符合出口管制規定。

(12) 技術或產品之使用、應用範圍不得限制。

(13) 不得限制與他人之技術合作，但不得違反保密條款。

(14) 權利金計算及支付：

(a) 一般不得超過百分之五。

(b) 計算標準爲出廠價減去購自移轉人之原、材料，零、組件等之成本。

(c) 權利金之所得應課稅。

(d) 不得有最低權利金之限制標準。

(e) 其他方法計算權利金時，應經特別核准。

(f) 合約延長期間，權利金降低至百分之五十以上。

(g) 智慧財產權等期滿時，不須支付權利金。

(h) 合約期滿、終止時，使用技術權利金減半。

(i) 合資企業之外資比例與權利金成反比。

(j) 一次支付權利金時：

①合約登記核准時一定比率。

②文件資料、訓練、技術援助完成時一定比率。

③開工生產時一定比率。

(k) 技術援助、Know-how 等之權利金，應與生產之價值有一合理之比率，且須課稅。

(l) 權利金之轉投資或滙出，須經核准。

(m) 權利金提供擔保時，並得要求移轉人提供反擔保。

4.稅捐之特別規定

　　爲獎勵及規範技術移轉，一般之營業稅法或所得稅法，有關之規定，應不適用於技術移轉之企業。若技術移轉符合獎勵外國人投資條例之標準時（如：合資企業），則有關獎勵外國人投資條例亦應優先於一般稅法而適用。

　　在非合資企業之技術移轉，其相關之稅捐規定，應以「技術移轉特

別法」爲準，因此一則在該法內應特別規定有關之稅捐課徵標準，另外其他如稅法，有關課稅之規定均將不適用於技術移轉，尤其指移轉人因權利金而生之所得。

在「技術移轉特別法」中，有關稅捐規定大抵如下：

(1) 權利金之取得，不管爲分期支付或一次支付，均須課稅。

(2) 技術援助及訓練之所得亦須課稅，但若該所得發生於國外者免稅。若無法明確劃分其服務之提供是在國內或國外時，應依一定比率之所得免稅（如二分之一所得部分免稅）。

(3) 因取得技術，本國之受移轉人所支付之權利金金額，應依一定年限，或一定比率（如二分之一金額），得在所得中抵減。

(4) 受移轉人支付之技術援助或訓練費用與移轉人之金額，得依一定年限，平均分配於所得中抵減。

(5) 技術移轉產品之出口創滙金額，應予以稅賦之優惠；或與進口機器設備之費用相抵減後，爲應稅所得，而適用一般稅率。

(6) 在策略性技術移轉，受移轉人之貸款利息，應得與產品出口所得相抵減，抵減後金額爲應稅所得。

(7) 受移轉人之與移轉技術有關研究發展費用，尤其指有提昇國內技術水準、促進經濟昇級，及增進國際競爭能力者，得與所得抵減，抵減後金額爲應稅所得。

(8) 受移轉人爲技術移轉所需，購置之機器、設備，其關稅、營業稅等稅賦，應予以減免。

5.技術移轉計劃及合約之申請

有關計劃及合約申請，由行政機關依各階段經濟、社會發展及需求目標，以行政命令方式訂定，但有關之原則仍應在法律中規定（詳細請參本章第一節）。

6.技術移轉之審核

　　審核應由技術移轉委員會，依初審、政策審核等程序進行；審核之標準，亦由行政機關訂定（詳細請參本章第一節）。

7.技術移轉之追踪考核

　　已進行之技術移轉，其移轉情形，行政機關應建立檔案資料，進行追踪考核。其進度及移轉情形，與移轉計劃有關規定不符，或有缺失，或無法達成目標等情事時，行政機關得依制定之標準，減免企業在稅賦上得享有之優惠，且其後申請技術移轉計劃時，應從嚴審核。

(二)智慧財產權法律適用問題

　　由於大部分之技術移轉牽涉智慧財產權之授權問題，因此雙方當事人之約定，可能與國內之智慧財產權法律有所牴觸，或國內法並無規範等情形。這在準據法爲受移轉人國內法時，可能產生合約有關條款發生無效或得撤銷或權利無法確保之情形；而在準據法爲外國法律時，亦發生國內法律適用規範之問題。例如在專利法，一般均須申請登記，始得享有專利權；而外國法人之專利權申請，一般均須移轉人國家有互惠之情形，才可申請，因此也就形成移轉人在外國之專利權，可能在受移轉人國受到侵害之情形，這在未參與國際上有關智慧財產權保護公約之國家，或雙方當事人國家間，並無雙邊條約規定之情形，更易發生。

　　因此爲避免智慧財產權或其他權利之遭受侵害，受移轉人國家，就技術移轉合約中，有關智慧財產權等之授權，應予以特別規範。例如我國專利法第十四條規定：「如無由團體、機構互訂經經濟部核准保護專利之協議，其專利申請，不予受理。」所以有關技術移轉合約中之移轉人，其所屬國家，縱與中華民國無相互保護專利之條約，亦得因技術移轉合約已經經濟部核准保護其中之專利，而得向有關機關申請，以取得專利權。

　　另外，外國法人或團體依中華民國專利法，得為告訴、自訴、提起民事訴訟等情形，但以移轉人國家對中華民國國民或團體有互惠情形為限；若無互惠情形，移轉合約若經經濟部核准保護其中之專利者，亦得為告訴、自訴或提起民事訴訟（我國專利法八十八條之一）。

　　以上相關法條，乃針對將申請或已申請專利之外國人而言，但關於未依中華民國專利法申請專利，或移轉合約未經經濟部核准保護其專利，或不予核准者之國外專利權，其受侵害時，應如何救濟，專利法並無明白規定。而我國亦非國際智慧財產權組織之會員，有關之雙邊條約或協定，亦未完全建立，外國人在國內進行技術移轉時，其權利保障，固得依合約之規範取得。但是，如前所述，合約與準據法牴觸，或中華民國法律並非準據法，而仍有規範合約適用時，並因此造成技術移轉人權利欠缺保障，或受移轉人之任意侵害他人權益者，是否易引起有關國家移轉人之反感，並進而降低其進行技術移轉之意願。

　　因此為鼓勵先進技術之移轉，提昇國內研究發展，有關智慧財產權保護之範圍應予擴大，即有關策略性獎勵發展之產業，其與國外企業進行技術合作計劃，經有關機關核准，並將其移轉合約登記者，且其技術合作，確有提昇國內研究發展水準，或促進經濟發展之實際成效，或其成效可預見者，移轉人之國外經登記核准之智慧財產權，縱並未在國內申請登記，且未侵害國內之智慧財產權者，應與在國內已登記之智慧財產權，享有相同之保護。

　　以上僅就原則性加以規範，但仍有一些問題須予以釐清：

　　(1) 技術移轉計劃或合約批准登記前或批准登記時，他人已在中華民國合法取得其智慧財產權者：該移轉人、受移轉人或其合約利益之再移轉人，不得要求智慧財產權之保護，亦不得侵害該已合法取得智慧財產權之第三者權利。

(2) 技術移轉計劃或合約批准登記後,他人合法取得智慧財產權者: 移轉人、受移轉人或其有合約利益之再移轉人, 與該合法取得權利之第三人, 同樣享有智慧財產權之保護。

(3) 未在中華民國合法取得保護之技術移轉合約中有關之智慧財產權, 其合約經批准登記在後者, 不得侵害批准登記在前合約中之智慧財產權。

(4) 國外之智慧財產權保護期間已經消滅,或其權利經合法撤銷者, 不得在中華民國請求權利侵害之救濟。

(5) 技術移轉合約中之受移轉人, 或受有合約利益之再移轉人, 不得以合約中有關之智慧財產權事項, 主張在中華民國有合法之所有權或申請登記取得智慧財產權之保護。第三人不得以取得合約中有關智慧財產權之內容, 主張其有合法之所有權或申請登記取得智慧財產權保護; 但移轉人、受移轉人或再移轉人應對該第三人之主張或申請登記, 負舉證責任, 證明非該第三人所著作、發明或設計, 且是取自合約中之內容。

(6) 在中華民國已經期滿或撤銷之智慧財產權, 其與技術移轉合約中之智慧財產權相同者, 移轉人、受移轉人等, 不得就該相同之內容, 主張其有所有權, 或享有智慧財產權之保護, 或申請登記智慧財產權之保護。

第五章　技術移轉與出口管制

出口管制，為一個國家基於政治、軍事、經濟、社會或道德上之義務，而禁止或限制該國之產品或其海外之公司所製造之產品，出口至禁止或限制之地區。在政治上最常見者為因政治理念之不同而為禁止出口，如美國之對南非之制裁；而在軍事安全上之原因，則以目前民主陣營與共產集團之對立下，所造成者為最；在經濟或社會上之原因，則如短缺物資之禁止出口等。

而一般之出口管制，多指有形之財貨；無形之技術移轉，並不多見。但技術移轉往往涉及相關零組件之進口，因此也可能使得技術移轉產品，成為出口管制之對象，這在有「束縛條款」中，其重要部分（Key Components）或媒介品為自移轉人國家所進口者，更易受其限制。尤其在高科技之技術移轉，由於美國對該類產品之流往共產集團國家，極為關注，不僅其出口有繁雜之限制，而其違反時，相關國家之產業，更可能受到貿易之制裁。

至於在國際公約組織上，迄今並無有效之管制規定；除關稅貿易總協定，對部分經濟上及國家安全上之原因加以准許或限制外，另外一個非正式的多邊出口管制協定（Co Com），其實質上之功能，也唯有透

過各國內法之規定，加以補強。

第一節　多邊出口管制協定

　　多邊出口管制協定，是由北大西洋公約組織 (NATO) 之大多數會員國，除了冰島及西班牙外，再加上日本，所組成之一個政府間之協調委員會。其主要之目的，乃在規範有關戰略性物資之流往共產社會主義國家或地區，這些禁止之地區一般包括華沙公約組織 (Warsar Pact) 之會員國，如：蘇聯及其附庸國、中共、北韓、越南、寮國、高棉、古巴等國家。該組織成立已有三四十年歷史，起因乃為東、西方對峙下，以美國為首之陣營，在冷戰年代，為防範以蘇聯為首之共產陣營之滲透、擴張。但近幾年來，由於東歐共產主義之解組，加上西方國家所謂「中國牌」之運用，及蘇聯在逐漸加強與西方之經貿關係後，多邊出口管制協定中許多禁止銷售之產品已逐漸放寬，目前可說已僅限於高軍事相關用途，及高機密科技，如超級電腦及相關技術仍可能受到管制外，一般商用物資，甚至如個人電腦產品等，已不見任何限制。

　　多邊出口管制協定總部設於巴黎，其政策之制定，除由各國政府指示外，並透過各相關會員國之協調，而有關限制之措施，則以特別諮詢方式，就特定項目，加以審核決定。但晚近較高層次首長間，亦定期集會，以討論相關之政策及問題。

　　但因該協定，並非一國際組織，也非國際公約，而是以類似自我設限之方式，透過各國政府、法律之運作，以達成協定之目的，甚至因各國法律規定之不同，縱使政府間已有協議，仍應受其國內法之約束。

　　另外，關於該協定之運作，及政策形成目標方向，則依下列四個原則來執行或監督：a.戰略性管制之標準；b.詳細之禁運項目；c.禁運例

外事項或項目之評估；d.有關禁運之執行及協調❹。

以上四個原則中，關係最重大者是有關禁運之項目。而從該協定之戰略性考慮而言，則基本上有關禁運之標準爲「戰略上之財貨或技術」，也就是說不管該物資或技術，目前爲商業上或軍事上之用途，只要其具有戰略上之性質時，則可能成爲禁運之對象。而從該協定所列之三種標準亦可得知，其戰略上之如何考量：a.原子能或核能；b.軍需品；c.其他具有軍事、商業用途者。原子能、核能、軍需品，很明顯的乃屬戰略上物資，而第三類之軍事、商業兩用者，該協定並未明確指明爲何者，只是概括性的定義，因此只要其具有兩種用途者，或其可能利用於國防軍事上，而影響戰略上之利益時，則可能成爲協調禁運之對象。至於詳細之列表項目，多邊出口協定並未加以公開，其目的乃因戰略上之考慮，但是否爲該協定之禁運對象，從各國（尤其美國）之有關出口管制項目或類別，則很清楚的可以瞭解。在美國之出口申請程序中，當事人往往會有較一般出口審核程序爲長之特別期間，一般大約爲十天，在這十天內，可說是美國商務部在考慮是否有關之出口，須另呈所謂「多邊程序審核」之作業；如果須要時，當事人可能又須等上一段期間，美國商務部亦會加以通知。

另外多邊出口管制協定之執行監督功能，亦對技術之受移轉人有很大之影響，也就是所謂的 IC/DV 制度 (Import Certificate/Delivery Verification)。該制度主要在防止有關之禁運項目，由協定會員國之間，擴散至其他地區。該制度規定，出口人在核准出口前，須取得進口者之有關證明文件，並由其政府保證，確保該產品之由進口者收領，並在未經其政府同意前，不得將有關之進口產品再出口。這就是 IC/DV

---

❹　Jackson, *Legal Problems in International Economic Relations,* 1986 West Publishing Co.

中之前半段「進口保證」(Import Certificate)。另外，進口者亦須由
其政府出示證明，確認該產品已由進口者收領，並進入該指定之國家。
這就是後半段之所謂「運送確認」(Delivery Verification)。

第二節　美國出口管制規範

(一)美國出口管制簡介

　　基於政治、外交、軍事安全或經濟等因素，幾十年來，美國對其出
口都若干受有許可管制之約束。尤其在冷戰之年代，為避免有關技術或
產品之流向共產集團國家，美國更加強了有關之管制措施。而在高科技
興起之後，由於其研究發展之不易，再加上生命週期之短，為有效掌握
市場利益，減少競爭，美國更對這方面漸漸樹起藩籬，不僅實際上離開
美國本土時加以限制，即使海外美國公司亦多所管理，甚至對在美國本
土之非美國人，其縱使受僱於美國公司，亦多所管制其接觸有關科技之
研究發展等。

　　有關出口管制可能適用之法律、規章及管理監督之政府機構，可說
多如牛毛，且層層關卡。在法令方面，從早期之「發明機密條例」(In-
vention Secrecy Act) 到「通訊自由條例」(Freedom of Inform-
ation Act)、「武器出口管制條例」(Arms Export Control Act)，及
最常適用到出口之「出口管理條例」(Export Administration Act)、
商務部之出口規則 (Export Administration Regulations) 等，都
可能規範有關之出口產品、技術、出口地區及再出口限制等；在主管機
關方面，最常見的為商務部，其他如國防部、財政部，乃至國務院，都
可能成為主管部門，而有許多之管制規定，可能牽涉兩個以上之機關，
因此也必要由相關單位審核，職是之故，有關之程序可能更加複雜，而

時間上也可能加長。另外，美國亦是「多邊出口協定」之一員，故其出口仍應經受該協定之規範。

在這些法律規範中，關係技術移轉最大的可能是「出口管理條例」及其規則。該法規定，為避免出口造成有關技術或產品之軍事上用途，而對美國安全受有威脅，及出口對美國經濟之影響，美國得禁止或限制其出口❷。而依據該條款，美國政府乃規定，相關產品或技術，必須獲得出口許可，且有其許可地區之限制。尤其在高科技產品及技術之輸出，更有其絕對之適用。但一則以有關之程序過於繁雜，另則以有些管制並不公平、合理或實際，再則以美國之出口競爭反有削弱之情形，因此美國國會及工商界均認為有關之管制，實有加以簡化或標準化；因此近幾年出口管制亦有所修正，最明顯的可說是已公開化之技術產品不再受管制，而有關技術、產品管制項目，應每年定期檢查，若有不須加以管制之情形，則應加以排除，另外則是美國軍事盟邦，就某些出口不應加以管制，及一個出口許可適用多邊出口❸。但不論其規定之如何簡化，其所規範之對象及國家，仍是多所限制。

(二)技術移轉與出口管制

技術移轉中之技術、原、材料、零、組件、其他重要之成份 (Key Component)，及相關資料、文件、人員訓練等，都可能成為規範之對象，而某一部分之出口許可，並不代表其他部分之許可；例如一個電腦主機之出口，其有關操作及維護之資料，固可隨之出口，但有關電腦之製造資料，則並未因而同時取得出口許可。

美國國務院則要求，所有技術移轉合約，包括技術本身、相關產品、技術援助訓練合約等，均須將有關資料同時包含於一技術移轉出口

---

❷　50 U.S.C.A. App. §2404(a).

❸　50. U.S.C.A. App. §2404(c), (d), (e).

管制許可之中。若只是技術資料之出口，則須取得個別之許可。而技術移轉牽涉軍事之設備時（主要指重要之戰鬥設備），在合約簽定前，須先取得許可，如果未經許可，則該技術移轉合約，將不被准許認可。

另外則是關於再出口之限制，除最終產品之出口，可能須有 IC/DV 之證明外，非最終產品，如零組件等，其若安裝、附著於其他產品上時，該產品仍須受美國有關再出口之限制。因此一部電腦，即使其部分之零件是由美國出口時，整部電腦之出口銷售，也就適用有關再出口之管制。而技術移轉合約，在美國以外其他地區生產、製造之產品，國務院若認為影響美國之安全時，亦將對其加以限制出口，因此技術移轉合約中，常見有出口銷售地區之限制，有時並非移轉人基於其本身市場競爭等利益而加之限制，反而是美國政府基於國防安全考慮之要求。當然這種再出口之限制，已多半適用「多邊出口」，而不須個別審查，也就是說，以地區而論，多半會准許出口至美國之盟邦。至於其再出口之限制，並無時間上之規定，因此無論有關產品或技術移轉合約，是多少年前製造或簽約，可能仍受限制，除非有關規定，已不再列為管制對象。

違反有關出口或再出口規定時，美國往往以其「域外管轄權」(Extra-territorial Jurisdiction)，對違反者加以制裁，最常見的方式有：禁止產品或技術之出口至該受移轉人或其國家，及禁止受移轉人之出口至美國兩種。至於其域外管轄權之原由，依美國之解釋，乃出自於兩個原則：a.保護原則；b.效力原則。前者指國外之行為，若威脅本國之安全或政府權力之運作，且該行為為一般法律制度認為犯罪行為時，則有管轄權；後者則指該行為對本國或本國人民有直接、可預見、實質之效力影響時，該國有管轄權。

(三)受移轉人之因應措施

由於美國是世界上最大之技術輸出國，也具有龐大之消費市場，因

此可說是受移轉人最大之技術來源，也是最大的產品市場。但並非受移轉人必須受制於美國之行政或司法管轄，在簽定技術移轉合約時，若能仔細考量，則可能減少損害。

(1) 移轉人出示相關許可證明：受移轉人一定須要求移轉人表示其技術移轉，或相關產品之出口，已取得合法之出口許可，並應將影本附於合約中，或交給受移轉人。

(2) 違反出口之損害賠償：若可歸責於移轉人之未取得出口許可，而致受移轉人受有損害或利益損失時，應負責賠償。

(3) 詳細瞭解有關出口限制規定：不論透過美國之分公司、子公司，或聘僱美國律師之方式，受移轉人，尤其牽涉出口或高科技之技術時，應多方瞭解有關之規定。

(4) 避免以美國法律爲準據法：雖然美國對違反出口管制之制裁，並不以準據法爲其要件，但至少可以減少部分不必要之損失。

第六章　技術移轉與反托拉斯
(Anti-trust)

反托拉斯(Anti-trust)，其主要目的乃為保護商業或貿易上公平、合理之競爭，避免市場之壟斷，而影響整個經濟或社會秩序；所以在有關非法限制，或價格上之差別待遇或限定價格，或其他之壟斷行為，而不利於市場公平競爭者，均有可能違反有關反托拉斯法律之規定。

國際技術移轉，亦屬商業或貿易之一環，而其多半為先進技術或有全球市場共通需求特性，另外也因技術移轉人多為龐大之跨國企業集團，因此更可能形成不利企業競爭，而有壟斷或對消費者造成不公平之現象。

世界各國中對反托拉斯規範較為完備，且歷史較為久遠者首推美國與歐洲共同市場兩者。本章首先將介紹美國有關反托拉斯法之規定，其次則分析技術移轉之與反托拉斯最有關連之美國現行之觀點；另外則就歐洲共同體有關之情形，提出說明。

第一節　美國反托拉斯法與技術移轉

(一)美國反托拉斯法介紹

　　美國反托拉斯法最主要之目的乃在管制私人經濟活動中，各種反自由競爭之行為，以規範及處罰兩種方式，以促使經濟活動公平、合理地進行，且確保消費者之權益。

　　而一個企業是否有反托拉斯之情形，相關法律在分析時，則著重於不公平之行為是否對經濟活動造成直接、實質及可預見之反競爭情形。美國司法部反托拉斯部門也表示，有關行為若不對消費者之權利造成密切之損害關係時，並無反托拉斯適用之餘地。但是消費者權益一旦受到影響時，則不論該違反反托拉斯法之企業是否為美國企業，亦不論該違法行為是發生於何地，皆可能適用美國之反托拉斯法。因此該類法律，可說探的是效力原則 (Effect Principle)。

　　以下則就美國有關反托拉斯法中，最常規範之限制加以說明： 1.；水平限制(Horizontal Restraints of Trade)；2.垂直限制 (Vertical Restraints of Trade)；3. 專賣壟斷 (Monopoly)；4. 企業併購 (Mergers and Acquisitions)。

1. 水平商業活動限制

　　市場中相同產業間之協定，造成市場中不合理現象，而使消費者權益受到損害，並違反自由競爭。其最常見之情形有以下四種：

　　(1) 控制或影響價格：在同行間以聯合壟斷方式，提高、降低，或穩定在某一價位之本質上違法行為。但其「本質」(Per se) 是否違法，依最高法院之見解，則應視該聯合壟斷行為之目的及效力而定。但只要本質上違法，則不論其是否直接或間接影響價格。

　　(2) 同行之競爭者間相互區分市場或顧客之情形，亦屬違法行為。

　　(3) 買方或賣方之抵制行為：如賣方拒絕出售與某些顧客，或消費者之聯合拒絕購買情形。但特殊情形例外。

　　(4) 合資企業 (Joint Venture) 之形成目的乃在設定價格或區分

市場者，在本質上屬違法行爲。若其目的爲共同開發研究，則應探究其原因理由是否合法。

但有些情形是例外而准許者：

(1) 爲求整合之目的，以創造共通便利之情形。

(2) 有其需求性。

(3) 特殊產業由國會授權同意設定價格者；如：出口公會。

2. 垂直商業活動之限制

有上、下游或垂直關係之產業間，如製造商、經銷商、零售商間之非法協定。垂直商業活動之限制之非法行爲亦有以下數種：

(1) 有垂直關係之價格上限制，亦屬本質上違法。

(2) 總經銷制 (Exclusive Distribution)，或區域上限制，或對消費者之限制。

(3) 束縛協定(Tie-in Agreement)：例如賣方之出售某產品與買方，乃建立於雙方協定，買方應向賣方購買其他產品，或買方不得再向其他人購買或經銷相同產品或其他產品等，皆爲違法行爲(參 Northern Pac. Ry. v. U. S. 356, U. S. 1,5-6, 1958)。束縛協定亦適用於服務提供之非商品交易行爲。

(4) 相互交易協定：卽一方向他方購買產品，而合意他方應向該另一方購買其他產品之協定。

(5) 一定期間之絕對交易協定(Exclusive Dealing Agreement)：一方與他方訂定在一定期間之供應合約，而他方不得向其他人尋求供應或購買之協定。

(6) 垂直性拒絕交易 (Vertical Refusals to Deals)：例如拒絕建立經銷關係，或終止經銷權，但須探究其事由而定。

3. 專賣壟斷

專賣壟斷指的是企業的市場力量，排除或嚴重影響其他的競爭者。例如在某一個市場區域內，僅有唯一的銷售者。依照美國謝門條例 (Sherman Act) 第一條規定：「企業不得有專賣壟斷之情形。」而美國最高法院也認為控制市場價格或排除競爭者之行為，或意圖為該行為，均違反謝門條例之規定。

至於是否有專賣壟斷之意圖或行為，則須依三個標準來衡量： 第一須分析相關市場之情形；第二則是該行為之目的是否有專賣壟斷的意圖；第三則是有不公平交易之直接證據以證明專賣壟斷。也唯有符合上述三個標準時，才有謝門條例反專賣壟斷之適用。

但有些例外情形，卻可免於謝門條例之規範：

(1) 農人間之合作關係。

(2) 主權條例 (Sovereign Act)，為執行國家主權之規定。

(3) 技術壟斷。

(4) 因意外而生之專賣壟斷。

4.企業併購

企業併購是否有違反反托拉斯之有關規定，仍然須依垂直限制、水平限制二者來認定，尤其是否有設定價格之情形，除此之外，混合著水平限制與垂直限制之托拉斯行為，而形成企業集團 (Conglomerate)，亦是有關法律得以規範者。

(二)國際技術移轉之反托拉斯問題

美國憲法規定，為促進科學及藝術之進步，作者或發明人，對其著作或發明，應有一定期間之絕對權利❶。而謝門條例中也規定，禁止以合約或其他結合之共謀方式，限制美國州際或國際間之商業活動，或有

---

❶ U.S. Constitution, art. I, §8, cl. 8.

壟斷之行爲❷。美國最高法院在一八五九年時也有規定，專利權之授與
主要之目的乃在促進科學、藝術之進步，有關發明人之報酬，則是次要
目的❸；另外在一九八四年最高法院也認爲以限制市場之方式，擴張其
專利權壟斷，將破壞市場之競爭❹。由以上之舉例可知，美國雖是一自
由經濟之國家，但對於有關專利權之無限擴張，仍將受到法律之制裁。

　　至於對國際性之商業活動，是否有反托拉斯法律之適用，美國法院
及司法部，也有一定之認定標準。最重要者爲「效力影響原則」(Effect
Principle)及「事由規範」(Rule of Reason)二者，前者指行爲或合約
須有直接、實質與可預見的對美國州際或對外貿易有所影響❺；而後者
則須考慮與外交政策之衝突，雙方當事人之國籍，及主管業所之所在❻。
而美國國會一九八二年之外貿改進條例 (Foreign Trade Improve-
ments Act, 1982)，則採用「直接、實質，及合理可預見之影響原則，
及反競爭之影響原則」❼，以規範出口貿易活動，及國外之行爲或合
約。而以上之原則或法律，對所有之國際貿易，包括技術移轉之合約，
均有其適用。

1. 技術移轉之限制規定

　　技術移轉合約中，雙方當事人可能約定有限制之事項，尤其移轉人
更常要求限制，如銷售區域、價格等，這些限制都可能造成反競爭之影

---

❷ 15 U.S.C. §§1,2 (1982).

❸ Kendall v Winsor, 62 U.S. (21 How.) 322 (1859).

❹ Jefferson Parish Hospital District No. 2 v Hyde, 104 S. Ct. 1551, 1560 (1984).

❺ U.S. v Aluminum Co. of America, 148 F. 2d 416, 444 (2d Cir. 1945).

❻ Timberlane Lumber Co. v Bank of America, 549 F. 2d 597 (9th Cir. 1976).

❼ 15 U. S. C. §6a (1982).

響，也可能受到有關法律之規範。

(1) 銷售價格之限制：雖然有許多早期之判例並不反對有關授權上要求限定價格之規定，如：一九二六年美國政府與通用電子之判例。但在晚近有關價格限制之准許，已逐漸爲最高法院所揚棄，尤其受移轉人有數人時，更不得在價格上有所限制。

但一般而言，在技術移轉上之銷售產品之價格限制，美國法院並無很明確之宣示，也較少有這方面之案例，可供參考。但識者以爲，須以「效力影響原則」及「事由規範」二者來分析價格限制之是否有反托拉斯之行爲，若因而造成對美國之對外貿易有實質、直接，且可預見之影響時，應有反托拉斯規定之適用。

(2) 使用領域之限制：所謂使用領域之限制，指的是移轉之技術，限制其可用以生產、製造之範圍或目的而言。美國司法部之反托斯部門認爲，使用領域之絕對限制，將可確保受移轉人有適當之鼓勵，且可增加移轉人或發明人之合法報酬，或較早、且以較低成本進入市場，因此有助於市場之競爭❽。因此司法部觀點，卽以使用領域限制，而有助於市場的競爭時，應該是可允許的。

但是，美國法院卻有不完全相同之意見，使用領域之限制，雖並無反競爭或反托拉斯之違反情形，但若以合約規定其使用之目的時，則其是否爲「領域」(Field)，則不無疑問；也就是說「目的」與「領域」二者，並非有絕對之等號關係，使用領域可能包含著使用目的，但使用目的，則不一定不在其使用範圍之內。因此有否違反使用領域之合約規定，則須依「事由規範」(Rule of Reason) 來認定。而不論美國法院，對使用領域作何看法，基本上並不反對合約中有關「使用領域」之規定，

---

❽ 5 *Trade Regulation Rep.* (CCH) 50, 466, at 56, 129-130 (April 5, 1984).

並無違反有關反托拉斯之規定。

　　(3) 絕對授權：絕對授權以使用或銷售所移轉之技術或產品，是最主要價值，因此受移轉人可增加其利潤,且可促進其他有效之改良發展，而免於其他受移轉人之影響，因此在不影響美國之商業利益或消費者權益之原則下，應予以准許❾。

　　(4) 競爭技術之使用限制：若該使用限制，因而促成受移轉人有所激勵而發展該技術，或因而可積極銷售該移轉技術之產品時，將有利於美國國際市場，且並無影響其他商業活動時，該限制使用其他之技術，應是可以准許❿。

　　(5) 依銷售總額計算權利金：受移轉人得依其自由選擇權利金計算標準,司法部並不在乎支付金額及計算方法。至於其他權利金支付條款，如成套技術移轉，及依有關專利權製造之產品，以銷售計算權利金時，鼓勵受移轉人以移轉技術與其他原材料或零組件等結合使用，以減少最終產品之生產成本等，亦無任何規範⓫。

　　(6) 相互授權：由於相互授權擴大對技術改良之介入，將有助於市場競爭，尤其對本身所未發展之改良，可能較原有技術更為有效率；而且因相互授權，更可能免除不必要之權利侵害之爭議⓬。

　　(7) 反授權（Grant-back）：依美國最高法院見解，反授權並非實質上違法⓭，而司法部亦認為反授權是有助於競爭，且可避免受移轉人

---

❾　參 *Fed. Register*/Vol.53, No. 110/Wednesday, June 8, 1988/Notices.

❿　參❾。

⓫　參❾。

⓬　參❾。

⓭　Transparent-Wrap Machine Corp. v Stokes & Smith Co., 329, U.S. 637 (1947).

之改良，將使得原移轉技術落伍過時，及因該改良而使移轉人無法取得相同改良之權利保護。總之以美國大都爲移轉人之觀點而言，反授權之受益者，大抵爲移轉人，所以美國並不禁止反授權之約定。

(8) 束縛條款 (Tie-in Clause)：在 Jefferson Parish Hospital 之案件中⓮，最高法院認爲，在技術移轉合約中，設定束縛條款是本質上 (*Per se*) 的不合法，因此應受反托拉斯之規範。另外束縛條款，依克雷登條例 (Clayton Act)，或謝門條例 (Sherman Act)，亦是違法的⓯。

(9) 區域之限制：依美國法院見解，爲合約主要目的之達成，適度的輔助性質的限制乃是正當合法的，因此乃有「輔助限制理論」(Ancillary Restraints Doctrine)。司法部亦認爲，若能證明合約之主要目的是合法的商業目的，而限制也是爲達成目的所合理必須時，法院將准許適度的競爭性限制⓰。

美國律師協會之反托拉斯部門 (Anti-trust Section of ABA) 則依以下幾個原則來區分何者是依「輔助限制理論」，而認爲適當且合法，何者又有共謀瓜分市場之嫌：a.以時間或標的而言，限制是否超過授權範圍；b.授權 (license) 及授權限制是否相互的；c.移轉人或受移轉人對於移轉技術是否爲眞正的或可能的競爭者；d.移轉技術是否有實質之價值；e.限制之時間是否合理；f.該限制是否爲更大之競爭限制之一部分⓱。

⓮ Jefferson Parish Hospital, 104. S. Ct. 1551,1569,1572.

⓯ N.W. Control Inc. v Outboard Marine Corp, D.C. Del., 333 F. Supp. 493,500.

⓰ U.S. Dept. of Justice, Anti-trust Guide for Internationl Operation, 30(1977).

⓱ ABA Section of Anti-trust Law, U. S. Antitrust Law in International Patent and Know-how Licensing 19-25 (1981).

　　另外司法部亦就對受移轉人國外區域之限制，以是否對美國之商業有直接影響爲標準，及是否有訴訟標的之管轄權，而定其是否有違反托拉斯法之規定⓲。

　　(10) 一九三〇年關稅條例第三百三十七條：　美國國際貿易委員會 (ITC) 得禁止侵害美國智慧財產權之產品進口，或該進口產品乃依已經美國專利法保護之程序製造者，縱使並未因此侵害其程序專利權 (Process Patent)，亦得請求禁止進口。

2.司法部之「事由規範分析」(Rule of Reason Analysis)⓳

　　「事由規範分析」爲美國司法部在探究技術移轉，是否違反有關反托拉斯或反競爭之法律規範時，所採行之依個案分析之原則。司法部認爲，一般之技術授權，多具有利於競爭之特性，所以對於授權或限制，是否有不利於競爭，應依個案之情形而作分析，除非該智慧財產權有關之技術移轉，並不以移轉爲目的，而僅是以授權 (License) 爲憑藉，實則進行限制產出，或在一些市場提高售價，則這種行爲不僅本質上非法，而違反反托拉斯之規定，且亦可能遭受刑事之處罰。另外一種非依「事由規範」而分析之情形則是，與技術移轉授權無關之限制作爲，因而在移轉人與受移轉人間，造成競爭上之限制。

　　依據「事由規範」之分析，有關之技術授權或其限制規定，若有雙方當事人共謀而影響市場競爭，或該等限制有抑止市場競爭之作用或效力時，且該抑止競爭之不利情形，並未超過因限制而有利市場競爭時，則該技術授權或限制規定，將是違法的。司法部在進行有關反競爭之分析時，並不以個別之限制規定，是否有利達成競爭目標，爲調查要件，

⓲　參⓽及 *Foreign Trade Anti-trust Improvement* Act 15, U.S.C. 6a (1982)。

⓳　參⓽。

而是考慮所有限制對智慧財產權之累積的影響，也就是說所有限制並不生累積性的反競爭效力影響，或該技術移轉授權累積性之有利競爭效力，遠大於其限制規定所生的不利競爭效力時，則有關之限制，並不會受到司法部反托拉斯之調查。

技術移轉授權限制規定，不論明示或默示，都有可能造成水平限制競爭，垂直限制競爭，或二者皆有。水平限制指的是限制移轉人或受移轉人在市場上之競爭，而垂直限制則指限制合約中之受移轉人與其他受移轉人間之競爭，或移轉人與其他移轉人間之競爭。而司法部所欲觀察了解者，則是這些限制是否形成或有利於，單方或協議而成之反市場競爭效力。

3.技術移轉之「九不」(Nine No-no's)

在技術移轉中有「九不」是雙方當事人應嚴加遵守之情形，否則可能造成有關反競爭或其他反托拉斯之違法。

(1) 不得要求受移轉人向移轉人購買非專利權之原材料。

(2) 不得要求受移轉人將其智慧財產權讓渡給移轉人。

(3) 不得限制再銷售市場 (Resale Market)。

(4) 不得限制受移轉人之經銷、出售非移轉合約內之其他產品。

(5) 不得有非經受移轉人同意，不得再移轉授權之限制約定。

(6) 不得有成套技術移轉之約定。

(7) 不得有權利金之計算非依與移轉技術之產品銷售有合理關連之標準。

(8) 不得對程序專利 (Process Patent) 移轉之產品銷售，有區域上之限制。

(9) 不得要求受移轉人設定「最低產品銷售價格」(Minimum Price of the Sale of the Product)。

第二節　歐洲共同體反托拉斯政策

歐洲經濟共同體之目的乃希望在所有共同體會員國間，建立一個自由流通之共同市場，不論商品、服務之流通，在共同體法律規範下，均不應受相關國家間太多個別法律之限制。而爲了所有的商業、貿易活動之公平競爭，共同體也發展了相關之競爭法律規範，而其中影響最大的就是羅馬公約第八十五條及八十六條⑳，主要在規範影響商業、貿易活動之任何阻止、妨礙、限制之反競爭行爲之絕對禁止，而其後陸續在共同體發展、建立之各種規範，歐洲法院之判例，也都可說本著羅馬公約之條文或精神而來。

(一)技術移轉與共同體之競爭規範

除了羅馬公約以外，與技術移轉最有關係之法令，應屬一九八四年共同體委員會頒佈，規範有關工業財產權技術移轉之規則㉑，其中之目

---

⑳　八十五條規定: All agreement between undertakings, decision by associations of undertakings and concerted practices which may affect trade between Member States and which have as their object or effect the prevention, restriction, or distortion of competition within the common market. 及其例外規定。

八十六條規定: Any abuse by one or more undertakings of a dominant position within the common market or in a sustantial part of it shall be prohibited as in compatible with the common market in so far as it may affect trade between Member States.

㉑　Reg. No. 2349/84, O. J. Eur. Comm. (No. L219) 15 (1984). Common Market Rep. (CCH) 2747.

的乃在不受羅馬公約第八十五條第三項「免於受競爭禁止規範」(卽第一項) 之限制，亦卽縱使技術移轉合約，有促進生產、經銷或技術、經濟進步，且有利於消費者[22]，仍應依一九八四年之規則，而加以競爭禁止之規範，也就是所謂「免除之阻止」(Block Exemption)，因此羅馬公約第三十六條：「若爲保護工業及商業財產所需時，則對於進出口貨物仍須禁止或限制」，對於該特定之移轉合約，亦有其適用。而也由於有關之技術移轉合約，常造成雙方當事人間利益之壟斷，而有違歐洲共同體所揭櫫之公平競爭原則，共同體委員會及歐洲法院，都認爲技術移轉合約有關條款之出口或銷售上之種種限制，有違會員國間自由流通之原則時，將不予以准許[23]。

該規則第一條主要是針對絕對授權及區域限制加以規範，移轉人得在某一區域內，予某一受移轉人絕對授權，而移轉人本身不得在此區域內依該授權之技術範圍內，進行生產、製造、使用、銷售等行爲，亦不得另行授權給他人，進行絕對授權範圍內之任何行爲。但在共同體之兩個以上國家，移轉人皆有授權時，其他之受移轉人不得在該有授權之區域，或移轉人自行保留行使其權利之區域，製造、使用該技術。且在多數區域皆有授權之情形下，受移轉人亦不得在其他受移轉人之區域內從事有關銷售之活動，如行銷活動，或分公司之設立，而銷售之禁止一般爲五年。但有關銷售禁止之規定，並不適用於轉售之情形。

---

[22] 羅馬公約八十五條第三項例外不受[20]所述之限制。

[23] Nungesser v. Commission of the European Communities, 1982 E. Comm. Ct. J. Rep. 2015 (1981–1983 Transfer Binder) *Common Market Rep.* 8805. 在一九八三年共同體委員會對競爭政策之討論。

第二條爲所謂「非一般競爭限制」，爲了該技術上之品質符合等需要，移轉授權人得要求在其所在地、或指定之其他地方製造、生產。另外在特別情形下，有關最低權利金、最低量、品質標準、使用領域限制等，亦得在合約中加以規定。

第三條則規定：若合約中有以下之限制規定時，上述第一條及第二條有關最低權利金及最低量之規定之准許，將不適用該合約。而合約之限制規定有：

(1) 禁止查詢有關專利權之合法性。

(2) 合約期間有關之專利權期限屆滿。

(3) 研究、發展、使用、製造、銷售之競爭限制。

(4) 對非智慧財產權授權生產之產品計算權利金，或對已經公開之 Know-how 計算費用者。

(5) 限制生產量。

(6) 價格、顧客之限制。

(7) 移轉讓渡技術改良或新專利權者。

(8) 成套技術移轉 (Package Licensing)。

(9) 五年以上期間不得在其他受移轉人之區域銷售者。

(10) 限制受移轉人將產品出售給可能轉售至其他區域之人，或使可能轉售者難於取得該產品之規定。

(二)Know-how 移轉與共同體之規則

共同體委員會對 Know-how 之移轉，也制定了規則加以規範，依契約義務，分從羅馬公約八十五條第一項之免除適用，及「免除之阻止」(block exemption) 排除適用而加以規範。

1.八十五條第一項之免除適用

(1) 契約義務自動適用「免除之阻止」:

A. 非限制性契約義務㉔

　(a) 受移轉人之義務:

　　一保密義務

　　一技術移轉權利之禁止讓渡

　　一合約期滿後之使用限制（若 Know-how 已公開）

　　一改良之供給

　　一改良之應用範圍（若合約之期間屆滿）

　　一移轉人得監控品質

　　一向移轉人或其他指定之人購買原材料等

　　一誤用、濫用之通知

　　一Know-how 在合約期滿前已公開時，仍應支付以銷
　　　售為標準之權利金

　　一因第三人而致使 Know-how 公開時，自公開後三
　　　年內支付權利金

　　一使用範圍或產品市場之限制

　　一最低生產量

　　一最低權利金

　　一以移轉人名義行銷產品

　　一達成生產運作最低標準

　(b) 移轉人之義務

　　一最優惠條款 (Most-favored-licensee)

B. 免除八十五條第一項之限制性義務（雙方當事人）㉕

　　　一七年內不得銷售至他方之區域

㉔　共同體委員會對 Know-how 合約規則第二條。

㉕　㉔之第一條。

　　—七年內不得在他方區域生產、製造、使用

　　—七年內不得在受移轉人之區域有任何行銷活動，包括分公司設立

　　—五年內不得在其他受移轉人區域銷售

　　—使用移轉人之商標（但受移轉人仍得標示其為生產、製造者）

　　適用本規定時，其區域僅限於共同體內，且受移轉人為製造人或共同製造人時始可適用。

　　(2) 有條件之免於適用八十五條第一項。若有關限制並非本規則明示禁止，且完成通知委員會，於六個月並無反對之意思表示時[26]：

　　　A.受移轉人之義務：

　　　　(a) Know-how 公開後三年，繼續支付以銷售為標準之權利金。

　　　　(b) Know-how 之授權，乃是為該特定區域有多一個生產供應來源時，有關銷售一定量之產品與某一特定顧客。

　　（雙方當事人負有向委員會通知義務時，應就該合約限制，作明確之說明。而委員會若因會員國之要求，可對有關合約限制，免於受八十五條第一項規範之情形，予以反對。）

　　2.不適用「免除阻止」(Block Exemption)[27]

　　(1) 受移轉人之義務：

　　　　(a) 合約終止後，Know-how 已公開時，不得繼續使用之情形（非因受移轉人所致）。

　　　　(b) 讓渡或授權給移轉人「絕對授權」，得使用、製造銷售有

---

⑳　㉔之第四條。

㉗　㉔之第三條，仍應加以禁止規範之情形。

關之改良,或新權利(如此受移轉人將不得授權給第三人)。

(c) 改良之反授權期間大於原來之 Know-how。

(d) 品質監控並非受移轉人所需,且亦非 Know-how 之能充分運用所必要者。

(e) 購買有關原、材料等,並非受移轉人所需,或不符合 Know-how 移轉之需要。

(f) 不得以有關合法程序,瞭解 Know-how 是否尚未公開化。

(g) 權利金計算, 依非 Know-how 移轉所生產、 製造之產品, 或服務 (Services)。

(h) 對公開化之 Know-how 計付權利金 (但因受移轉人之歸責事由不在此限)。

(2) 受移轉人以移轉人身分而負之義務:

(a) 不得供應給特定之使用者。

(b) 不得採用或僱用特定之經銷。

(c) 不得使用特定之套裝技術。

(d) 限制銷售、製造,或營運運作之量。

(e) 不得與他方當事人進行研究發展競爭、生產或使用競爭產品及其經銷。

(f) 因移轉人改良之授權,合約自動延長超過七年。

(g) 在其他區域銷售限制超過五年。

(h) 有正當事由時, 仍拒絕符合使用者之要求, 或禁止轉售。

(i) 使用者或轉售者, 難於從其他轉售者中取得產品。

(j) 以工業或商業財產權之法律保護, 而阻止使用者或轉售者向其他地區取得該產品, 或阻止在該地區銷售。

(k) 當事人間之結合關係, 而有阻礙公平競爭者。

　另外共同體委員會若認爲,合約有關條款不符合有關免除之規定時,得撤銷合約之有關規定㉘。

(1) 因仲裁判斷之結果。

(2) 並非有效之競爭規定。

(3) 受移轉人不履約時,移轉人不得在三年內或任何一年終止合約。

(4) 當事人之任一方使得消費者在共同體內,難於向轉售者購得產品時。

(三)商標之反托拉斯問題

　在共同體之內,單一國家之商標法律規範之適用,可能對消費者造成不利的影響,尤其在某一國內登記保護之商標權利人,其得禁止有該商標標記之產品,自他國進口,如此將違反共同體所揭櫫之理想目標——讓財貨、服務能在共同體之會員國間自由流通。也因而使得消費者被剝奪其得在競爭產品間自由選擇之權利;而在製造者一方,也因其享有國內市場之保護權利,將降低其對改善品質,或降低產品價格上,應有之作爲及改進;因爲製造者並不須與其他會員國,具有相同品牌之產品競爭。因此,共同體並不同意有關商標權利人,濫用國內法之限制,造成共同市場之分離。

　歐洲法院有關商標壟斷之案例,並不多見,但從其中之判決,不難看出該類影響歐市自由流通之行爲,已有違反共同體之相關規則及羅馬公約:

(1) 若A公司授權B公司在某一會員國登記A公司之商標,而C公司合法代銷A公司製造之產品,該C公司將該產品銷往B公司所在地國,B公司乃主張C公司之銷售,侵害其商標權。歐洲法院認爲B公司不得

㉘　㉔之第九條。

對Ｃ公司加以限制其銷售，因該限制行為違反羅馬公約第八十五條。

　　(2) Ａ公司授權Ｂ公司在甲國登記Ａ公司之商標，而後Ａ公司又授權乙國之Ｃ公司得使用該商標，該Ｃ公司將有Ａ公司商標之產品銷往甲國，Ｂ公司主張Ｃ公司侵害其商標權。歐洲法院亦認為，該限制違反羅馬公約八十五條之限制競爭之禁止規定。

第七章　技術移轉與水貨市場
(Gray Market)

(一)水貨之定義

所謂「水貨市場」，乃指未經製造者之合法、直接授權，或以其他方式取得該製造者所生產，並有其商標或名稱之產品，而於市場公開銷售。水貨可能在國內或國際市場上出現，但一般以進口產品爲多，一則以各國或各製造者間，其生產成本或銷售成本之不同，另則以各國間貨幣滙兌之價差，而使得進口市場之水貨得以立足。

水貨一般具有以下幾種共通之特質:

(1) 爲合法生產製造之產品:「水貨」，顧名思義,乃指自外地進口,而非由本地廠商所生產者; 但該產品則或由產品標示之製造者所生產,或由商標所有人或授權使用人, 合法授權他人生產製造者。而不論其製造者爲誰, 產品之生產製造並無違法或仿冒之情事。若該產品未經合法之生產製造者, 則非爲本章所討論之「水貨」, 另且可能發生仿冒等情事。

(2) 產品之標示有合法授權: 商標與前述之製造者間之關係, 可能爲同一所有人, 亦可能由所有人, 授權他人使用其商標或商品名稱等。

但無論是所有人本身，或授權使用者,該產品之標示及其商標權之使用,均是合法取得或合法授權。 若非合法之使用商標， 則亦非本章之 「水貨」,且可能生商標權之侵害。

(3) 未經製造者或授權製造者之合法授權銷售: 不論就銷售地區或銷售授權而言， 銷售者與製造者間， 一則可能未有直接、合法之授權銷售， 再則可能未經授權於該地區進行銷售。而一般之「水貨」銷售者,其產品或取自商標所有之製造者,或取自非本國之其他合法授權製造者,亦可能取自其他經銷或代理人。

(4) 因與直接合法授權者間之銷售價差而取得市場: 「水貨」之銷售價格與當地之授權銷售者間之價格差距， 可能有高達40％之折扣， 因而取得市場。而該價差可能是生產或銷售成本之不同而造成，尤其當產品之取得， 是由生產成本較低之其他地區製造者或經銷、 代理人時， 其價差也因而加大。另外一個原因， 則是兩地幣值、滙兌之差價而形成，這從水貨多由弱勢貨幣之地區， 流向強勢貨幣之市場，可為其明證。

(5) 水貨缺少明確保證 （Warranties） 及售後服務: 水貨由於非由製造者， 或其直接、合法之經銷、代理人出售， 故其較難取得原廠保證， 或售後之服務。

(二)水貨與智慧財產權

「水貨」與智慧財產權是否受侵害,常為一般之合法授權經銷或代理者， 所亟欲尋求其間之關連， 而取得其權利確實保障之依據。但一般所謂水貨， 其在專利、著作權利方面，往往並無任何可為挑戰(Challenge)之地方， 即使有所侵害， 卻也成了有關仿冒之問題。而一般之「水貨」銷售者， 大都為合法、正派經營之零售商， 如美國之 K mart, W. Bell & Co., Best Product Inc. 等， 其當然明瞭侵害有關專利、著作權利時， 對其商譽之影響; 而事實上「水貨」之銷售者， 其主要在求取成本

或滙價之差距，而增加利潤，或以薄利多銷之方式，擴大其銷售量，故以侵害專利、著作權利，而截取利潤之方式，並非其目的。

但在商標權方面，合法之授權者卻主張，其爲經由商標所有權人合法授權，准予使用該商標者；而「水貨」銷售者，未經合法授權使用，故其侵害合法授權人之權益。然而，依據商標理論而言，商標表示產品之來源，但非製造者所有該商標時，則表示其須對銷售產品之品質負責❶，因此水貨銷售者，仍可對其商譽負責❷。由是觀之，「水貨」銷售者，若能就產品品質負責，則並無侵害之問題。

另外我國商標法規定，商標之使用，係指將商標用於商品或其包裝或容器上，行銷國內市場或外銷者而言❸。而商標之授權使用，除須受授權人監督，並保持品質外，更須經商標主管機關核准❹。由以上規定可知，「水貨」之銷售者，也並未違反有關規定，而致侵害商標權之情形。另外，或有人將主張，商標法規定，商標於電視、新聞紙類廣告或參加展覽會展示，以促銷其商品者，視爲使用❺，因此「水貨」銷售者，若有前述之行爲時，則侵害其使用權。但是，若「水貨」銷售者並未爲前述行爲，或僅以產品爲展示，而不以獨立之商標表示時，是否有前述條文之適用，則不無疑問。

(三)水貨與反托拉斯

不論美國或歐洲，均不認爲純爲「水貨」之銷售行爲，即構成反托拉斯之違反，其仍須有其他構成要件，始能成立。

例如，在歐洲共同體認爲，商標所有權人之禁止產品由其他會員國

---

❶　215 U.S.P.Q. 876。
❷　215 U.S.P.Q. 876-7。
❸　我國商標法第六條第一項。
❹　商標法第二十六條第一項。
❺　商標法第六條第二項。

輸入其本國，不僅將剝削消費者在競爭產品間之選擇，也因而使商標所有人不願改善品質或降低價格，如此則違反共同體所揭櫫之財貨自由流通之目標，且可能違反羅馬公約第八十五條有關市場控制之規定。而歐洲法院也認為，製造者之授權在某一會員國登記使用其商標，並不能排除具相同商標之產品，自其他國家之輸入，否則將違反羅馬公約第八十五條之規定。

(四)美國最高法院之判決

一九八八年五月三十一日，對美國之零售業者而言，可說值得大肆慶祝之一天；因為爭執多年的「水貨」是否合法的問題，在最高法院法官五比四之多數決之下，從此確立了其地位，不僅為零售業者合法開啟了每年超過一百億美元之市場，更為消費者省下了將近幾億美元之支出。美國最高法院認為一九三〇年之關稅條例 (Tariff Act)，並未准許海關禁止「水貨」之通關，而甘迺迪法官更認為，該法並未表明，水貨之進口，須經美國之製造者或經銷商之明示同意❻。

另外，最高法院之判決，對技術移轉人或受移轉人而言，也是最大的勝利，因為該判決並不適用於美國之海外技術移轉製造之產品進口。也就是說，美國之製造者或經銷商，得要求與技術移轉進口產品相同之「水貨」之禁止進口。

---

❻ *Washington Post*, June 1, 1988, C₁ Col. 5.

附　録

LICENSING AGREEMENT

The following Agreement is entered upon between
PHARMACEUTICAL COMPANY LTD., a
corporation duly organized and existing under the laws
of Japan and having its principal place of business at
Japan, hereinafter called
and , a corporation
duly organized and existing under the laws of Argentina
and having its principal place of business at ,
Buenos Aires, Argentina, hereinafter called

1) Distribution and Territorial Limitation

appoints as its exclusive manufacturer
and distributor of those pharmaceutical products of
for human application such as included or which
will be included in the Annex(es) to this Agreement
(hereinafter called "Agreement Products"). shall
procure exclusively from the active substances

of the Agreement Products as mentioned in the said Annex(es) (hereinafter called "Substances"), according to Article 3.

The territory where　　　　is authorized to exploit the Agreement Products is restricted to Argentina only (hereinafter called "Agreement Territory").
is prohibited to export or re-export the Substances themselves as well as the Agreement Products to any other markets and/or countries outside the Agreement Territory either directly or indirectly. Even in the Agreement Territory,　　　　is strictly prohibited to sell the Substances themselves to any other third party or parties without　　　　's previous written consent and approval.

reserves the first refusal right of　　　　's new pharmaceutical products developed purely by
without collaboration with any third party.　　　　is, however, quite free to offer its pharmaceutical products, which　　　　has not agreed to take up commercially in the Agreement Territory within a reasonable period to be agreed between the parties hereto, to any other parties in the Agreement Territory at　　　　's own discretion.

The preceding paragraph with respect to the first refusal right granted by   is in force for a period of three years counting from the date of October lst, 19   regardless of the provision of Article 10. If   does not give a registered airmail notice sixty days prior to the end of the period of this first refusal right, it will be extended for a further period of one year and so on.

Initially this Agreement refers to the Agreement Products indicated in the Annexes Nos. 1, 2 & 3; nevertheless, the products are open to a further extension at a later date, by means of successive Annex(es) which will be incorporated to this Agreement and will be subject to all its stipulations.

2) **Know-How, etc.**

shall manufacture the Agreement Products according to the formulas and methods specified by   ., and is not authorized, without previous written consent of   , to modify the composition of the Agreement Products.   shall treat all part of Know-How and technical instructions revealed to   by   as strictly confidential and shall disclose them only to the employees in charge in   during the life of this Agreement and not disclose them to any other employees or third parties without previous written consent of   shall at all times take all reasonable care to insure the maintenance and observance of strict secrecy on the part of its employees with respect of any part of Know-How or technical instructions.   pays its best efforts to collaborate with   in resolving any technical problems which might arise during and on the manufacture of the Agreement Products, by means of sending all the available related documents and data requested by   .

        agrees to furnish   . with specimens of the Agreement Products manufactured locally by   for   's prior inspection and approval only before initial marketing. Afterwards   agrees to submit to   6 (six) packs of samples yearly of the Agreement Products with assay reports for   's quality control.

        shall further assist   by furnishing all the available medical and pharmaceutical information, and shall keep   informed on all necessary scientific and/or commercial developments concerning the Agreement Products for mutual knowledge and benefit.

in turn, shall keep　　　informed on all scientific and/or commercial developments through manufacture and sale of the Agreement Products in the Agreement Territory. And, in case any such new method developed by　　　in connection with either the Substances or the Agreement Products lends itself to patent protection, 　　　reserves the exclusive rights to apply for patent application.

3) Price and Method of Payment

The price of the Substances shall be fixed separately, but if the price of the Substances should be unreasonably high as compared with that of existing Substances of other manufacturers,　　　shall try its best to reduce the price of the Substances so as to approach to the competitive price, so long as it is reasonably possible and acceptable to　　　. The payment of the Substances shall be made on drafts 180 days from the date of B/L.

4) Competition

During the term of this Agreement,　　　agrees

that it will abstain from manufacturing, handling, distributing or selling of any new products which have the same and/or similar formula or composition as the Substances and/or the Agreement Products without previous consent of   .

During the term of, and even after cancellation of and/or termination of this Agreement,   agrees that it will not manufacture in any place either directly or indirectly the Substances themselves.

5) Combination products based on the Substances

is at liberty to study a formulation of the products which combine the Substances with other drugs for eventual marketing in the Agreement Territory. However, is obliged to submit to   all the information of such study pertaining to these combination products.

It is understood that the rights and obligations of   and   concerning these combination products shall be decided separately and opportunely between the parties hereto, provided, however, that the provisions of the present Agreement shall be applied also to these combination products as far as possible. In any case, 's rights shall never be less than those established in the present Agreement.

6) Trademarks, Packing Materials and Sanitary Registration

As to the trademarks to be affixed to the Agreement Products in the Agreement Territory,　　　is entitled to and undertakes to use free of charge the Argentine trademarks(s) owned by　　　　as indicated or will be indicated in the Annex(es).

　　　agrees to watch carefully lest said trademark(s) registered for the Agreement Products within the Agreement Territory should be infringed by any third party, and also agrees to fully cooperate with　　　　in order to protect the said trademark(s), by submitting to all the available information in this respect and by taking all the required procedures in cooperation with for preventing such third parties from further infringement at　　　's expense.

In any case　　　undertakes that it shall return to use right of the trademark(s) concerned upon termination or cancellation of this Agreement, and shall never raise to　　　　any claim or demand whatsoever for its returning.

If   's trademark(s) can not be registered in
the Agreement Territory,   shall authorize
to choose its own registered trademark(s) for the Agree-
ment Products. Such trademark(s) chosen by   ,
however, shall be transferred by   to   for a
reasonable price immediately after obtaining health
registration of the Agreement Product and they shall be
treated equally as stipulated in this Article.

agrees that it will affix the necessary notice of
trademark(s) protection on the Agreement Products
produced under this Agreement.   shall use the
said trademark(s) in such fashion as to prevent them
from becoming generic and prevent the dilution of their
value.

shall furthermore indicate on the packaging materials
(cartons, labels and inlay leaflets) as well as in the
promotional publications and printed matters to be
prepared by   for the Agreement Products the
following wordings together with   's ensign

"Manufactured under licence of
PHARMACEUTICAL CO., LTD.,"

Regarding the necessary sanitary registration of the Agreement Products to be fulfilled with the Health and Welfare Ministry in the Agreement Territory, agrees to do and expedite it on its own expense and for its responsibility.   shall exert its best efforts to complete the sanitary registration of the Agreement Products without undue delay.

7) **Patent**

If any infringement of   's patent(s) related to the Substances as indicated or which will be indicated in the Annex(es) to this Agreement shall occur in the Agreement Territory,   shall notify   in writing setting forth in detail the information on the circumstances and   shall use its best efforts to defend the interests of both parties at   's own discretion and cost, provided that   shall supply its best assistance to   .

8) **Sales**

shall commence commercial sales of the Agreement Products in the Agreement Territory as soon as the sanitary registration of the Agreement Products be completed in the Agreement Territory.

agrees to do its utmost to develop the business for the Agreement Products so as to obtain the largest possible turnover and shall incur in no negligence fulfilling its obligations provided in this Agreement.

shall submit   its sales and promotion plan for the Agreement Products by the end of November for the following one calendar year.   further agrees to submit its monthly sales report on the Agreement Products with its comments on its sales activities showing deviation versus its sales plan, and also agrees to give opportunely but in any case not less often than once a year useful information of the market situation relating to the Agreement Products in the Agreement Territory.

9) Propaganda

shall promote at its own expenses the sale of the Agreement Products efficiently and continuously to the best of its ability by distributing scientific literature and samples, by advertising in professional publications, etc., by detailing doctors and hospitals, etc., and by any other suitable means.

undertakes to supply   free of charge with
specimen copies of all the available promotional materials,
scientific papers, clinical reports, etc. used by
for the promotion of the Agreement Products distributed
by   .   permits   to reprint these and
distribute and use them in the customary manner in the
Agreement Territory.   also permits   to copy
and use any of the designs and texts which   places
at its disposal.

        shall furnish   with copies of all its pro-
motional materials and packages used for the Agreement
Products for   's prior inspection and approval
before distribution by   in the Agreement Territory.

10) Duration of Agreement

This Agreement enters into effect on the 1st day of
October, 19 and has a duration of 5 (five) years therefrom.
If one of the parties shall not notify to the other party
of its cancellation of this Agreement by registered airmail
        days prior to its termination, it will be extended
for a further period of 3 (three) years and so on under
the same terms and conditions set forth herein, until a
previous written notice of cancellation is given as above

provided.

If either of the parties hereto goes into bankruptcy, is merged with or absorbed by a third party, or discontinues business, the other party shall have the right at any time by giving notice in writing to terminate this Agreement immediately.

11) Cession of Rights

is not allowed to transfer or cede to third party or parties the rights granted according to this Agreement, nor to grant a sub-licence.

12) Cancellation

In the event of any serious infringement to any terms of this Agreement by either party, the aggrieved party may terminate this Agreement if such infringement remains unremedied sixty (60) days after the aggrieved party has sent to the party in default a written notice of possible breach by registered airmail.

Once this Agreement is cancelled or terminated, shall promptly return to   all the Know-How and technical instructions supplied by　　　　before and during the life of this Agreement, and　　　　shall not make use of in any manner any of the Know-How and technical information regarding the Agreement Products after the expiration of this Agreement.

13) Legal Aspects

Any misunderstanding arising from this Agreement or its interpretation will be submitted to arbitration. Failing agreement regarding the appointment of the arbitrators, or should these fail to arrive at a decision, any decision handed down by the Ordinary Courts of　　　　Japan, will be considered valid, if　　　　be at fault, and of the Ordinary Courts of the City of Buenos Aires, Argentina, should　　　　be at fault.

14) Entire agreement

This Agreement constitutes the sole and entire agreement between　　　　and　　　　with respect to the Agreement Products and the Substances and supercedes all prior contracts, and understandings between the parties, including the agreement dated August 4, 19

15) **Others**

In the event that there will appear some matters not covered under this Agreement and those causing some doubts, both parties shall discuss each other and decide them with fair judgement and sincerity.

This Agreement shall be amended in case of necessity under the mutual understanding and consent between   and

In witness whereof and for making this Agreement come into force from the date as stipulated in Article 10 hereof, both parties cause this Agreement to be duly signed and sealed by their respective competent representatives.

Signed in   , Japan   Signed in

on   on

by   by

PHARMACEUTICAL CO., LTD.

三民大專用書 (十)

書　　　　　名	著　作　人	任　　　　　職
日　　　本　　　史	林　明　德	師　範　大　學
美　洲　地　理	林　鈞　祥	師　範　大　學
非　洲　地　理	劉　鴻　喜	師　範　大　學
自　然　地　理　學	劉　鴻　喜	師　範　大　學
聚　落　地　理　學	胡　振　洲	中　國　海　專
海　事　地　理　學	胡　振　洲	中　國　海　專
經　濟　地　理	陳　伯　中	臺　灣　大　學
都　市　地　理　學	陳　伯　中	臺　灣　大　學
修　　辭　　學	黃　慶　萱	師　範　大　學
中　國　文　學　概　論	尹　雪　曼	中　國　文　化　大　學
新　編　中　國　哲　學　史	勞　思　光	香　港　中　文　大　學
中　國　哲　學　史	周　世　輔	政　治　大　學
中　國　哲　學　發　展　史	吳　　怡	美　國　舊　金　山　亞　洲　研　究　所
西　洋　哲　學　史	傅　偉　勳	美　國　費　城　州　立　天　普　大　學
西　洋　哲　學　史　話	鄔　昆　如	臺　灣　大　學
邏　　　輯	林　正　弘	臺　灣　大　學
邏　　　輯	林　玉　體	師　範　大　學
符　號　邏　輯　導　論	何　秀　煌	香　港　中　文　大　學
人　　生　　哲　　學	黎　建　球	輔　仁　大　學
思　想　方　法　導　論	何　秀　煌	香　港　中　文　大　學
如　何　寫　學　術　論　文	宋　楚　瑜	臺　灣　大　學
論　文　寫　作　研　究	段家鋒　孫正豐　張世賢 等人	各　　大　　學
語　言　學　概　論	謝　國　平	師　範　大　學
奇　妙　的　聲　音	鄭　秀　玲	師　範　大　學
美	田　曼　詩	中　國　文　化　大　學
植　物　生　理　學	陳　昇　明 譯	中　興　大　學
建　築　結　構　與　造　型	鄭　茂　川	中　興　大　學

書　　　　名	著作人	任　　　　職
初 級 會 計 學 （下）	洪 國 賜	淡 水 工 商
中 級 會 計 學	洪 國 賜	淡 水 工 商
中 等 會 計	薛 光 圻 張 鴻 春	美國西東大學 臺 灣 大 學
中 等 會 計 （下）	張 鴻 春	臺 灣 大 學
商 業 銀 行 實 務	解 宏 賓	中 興 大 學
財 務 報 表 分 析	李 祖 培	中 興 大 學
財 務 報 表 分 析	洪 國 賜 盧 聯 生	淡 水 工 商 中 興 大 學
審 計 學	殷 文 俊 金 世 朋	政 治 大 學
投 資 學	龔 平 邦	逢 甲 大 學
財 務 管 理	張 春 雄	政 治 大 學
財 務 管 理	黃 柱 權	政 治 大 學
公 司 理 財	黃 柱 權	政 治 大 學
公 司 理 財	劉 佐 人	前中興大學教授
統 計 學	柴 松 林	政 治 大 學
統 計 學	劉 南 溟	前臺灣大學教授
統 計 學	楊 維 哲	臺 灣 大 學
統 計 學	張 浩 鈞	臺 灣 大 學
推 理 統 計 學	張 碧 波	銘 傳 商 專
商 用 統 計 學	顏 月 珠	臺 灣 大 學
商 用 統 計 學	劉 一 忠	美國舊金山州立大學
應 用 數 理 統 計 學	顏 月 珠	臺 灣 大 學
中 國 通 史	林 瑞 翰	臺 灣 大 學
中 國 現 代 史	李 守 孔	臺 灣 大 學
中 國 近 代 史	李 守 孔	臺 灣 大 學
中 國 近 代 史	李 雲 漢	政 治 大 學
黃 河 文 明 之 光	姚 大 中	東 吳 大 學
古 代 北 西 中 國	姚 大 中	東 吳 大 學
南 方 的 奮 起	姚 大 中	東 吳 大 學
中 國 世 界 的 全 盛	姚 大 中	東 吳 大 學
近 代 中 國 的 成 立	姚 大 中	東 吳 大 學
近 代 中 日 關 係 史	林 明 德	師 範 大 學
西 洋 現 代 史	李 邁 先	臺 灣 大 學
英 國 史 綱	許 介 鱗	臺 灣 大 學
印 度 史	吳 俊 才	政 治 大 學

三民大專用書 (七)

書　　　　名	著　作　人	任　　　　職
經　濟　學　導　論	徐　育　珠	美國南康涅狄克州立大學
通　俗　經　濟　講　話	邢　慕　寰	前香港中文大學教授
經　濟　政　策	湯　俊　湘	中　興　大　學
比　較　經　濟　制　度	孫　殿　柏	政　治　大　學
總　體　經　濟　學	鍾　甦　生	西雅圖銀行臺北分行協理
總　體　經　濟　理　論	孫　　　震	臺　灣　大　學
總　體　經　濟　分　析	趙　鳳　培	政　治　大　學
個　體　經　濟　學	劉　盛　男	臺　北　商　專
合　作　經　濟　概　論	尹　樹　生	中　興　大　學
農　業　經　濟　學	尹　樹　生	中　興　大　學
西　洋　經　濟　思　想　史	林　鐘　雄	臺　灣　大　學
歐　洲　經　濟　發　展　史	林　鐘　雄	臺　灣　大　學
凱　因　斯　經　濟　學	趙　鳳　培	政　治　大　學
工　程　經　濟	陳　寬　仁	中正理工學院
國　際　經　濟　學	白　俊　男	東　吳　大　學
國　際　經　濟　學	黃　智　輝	東　吳　大　學
貨　幣　銀　行　學	白　俊　男	東　吳　大　學
貨　幣　銀　行　學	何　偉　成	中正理工學院
貨　幣　銀　行　學	楊　樹　森	中　國　文　化　大　學
貨　幣　銀　行　學	李　穎　吾	臺　灣　大　學
貨　幣　銀　行　學	趙　鳳　培	政　治　大　學
現　代　貨　幣　銀　行　學	柳　復　起	澳洲新南威爾斯大學
商　業　銀　行　實　務	解　宏　賓	中　興　大　學
現　代　國　際　金　融	柳　復　起	澳洲新南威爾斯大學
國　際　金　融　理　論　與　制　度	歐陽勛 黃仁德	政　治　大　學
財　政　學	李　厚　高	前臺灣省財政廳廳長
財　政　學	林　華　德	臺　灣　大　學
財　政　學　原　理	魏　　　萼	臺　灣　大　學
貿　易　慣　例	張　錦　源	交　通　大　學
國　際　貿　易	李　穎　吾	臺　灣　大　學
國　際　貿　易　實　務　詳　論	張　錦　源	交　通　大　學
國　際　貿　易　法　概　要	于　政　長	東　吳　大　學
國　際　貿　易　理　論　與　政　策	歐陽勛 黃仁德	政　治　大　學
國　際　貿　易　政　策　概　論	余　德　培	東　吳　大　學
貿　易　契　約　理　論　與　實　務	張　錦　源	交　通　大　學

三民大專用書(六)

書　　　名	著作人	任　職
社會心理學理論	張華葆	東海大學
新聞英文寫作	朱耀龍	中國文化大學
傳播原理	方蘭生	中國文化大學
傳播研究方法總論	楊孝濚	東吳大學
大眾傳播理論	李金銓	美國明尼蘇達大學
大眾傳播新論	李茂政	政治大學
大眾傳播與社會變遷	陳世敏	政治大學
行為科學與管理	徐木蘭	交通大學
國際傳播	李瞻	政治大學
國際傳播與科技	彭芸	政治大學
組織傳播	鄭瑞城	政治大學
政治傳播學	祝基瀅	美國加利福尼亞州立大學
文化與傳播	汪琪	政治大學
廣播與電視	何貽謀	政治大學
廣播原理與製作	于洪海	輔仁大學
電影原理與製作	梅長齡	前中國文化大學教授
新聞學與大眾傳播學	鄭貞銘	中國文化大學
新聞採訪與編輯	鄭貞銘	中國文化大學
新聞編輯學	徐昶	臺灣新生報
採訪寫作	歐陽醇	師範大學
評論寫作	程之行	紐約日報總編輯
小型報刊實務	彭家發	政治大學
廣告學	顏伯勤	輔仁大學
中國新聞傳播史	賴光臨	政治大學
中國新聞史	曾虛白主編	總統府國策顧問
世界新聞史	李瞻	政治大學
新聞學	李瞻	政治大學
媒介實務	趙俊邁	中國文化大學
電視與觀眾	曠湘霞	新聞局廣電處處長
電視新聞	張勤	中視新聞部
電視制度	李瞻	政治大學
新聞道德	李瞻	政治大學
數理經濟分析	林大侯	臺灣大學
計量經濟學導論	林華德	臺灣大學
經濟學	陸民仁	政治大學
經濟學原理	歐陽勛	政治大學

書　　　　　名	著作人	任　　　職
教　育　心　理　學	溫　世　頌	美國傑克遜州立大學
教　　育　　哲　　學	賈　馥　茗	師　範　大　學
教　　育　　哲　　學	葉　學　志	國立臺灣教育學院
教　育　經　濟　學	蓋　浙　生	師　範　大　學
教　育　經　濟　學	林　文　達	政　治　大　學
教　育　財　政　學	林　文　達	政　治　大　學
工　業　教　育　學	袁　立　錕	國立臺灣教育學院
家　　庭　　教　　育	張　振　宇	淡　江　大　學
當　代　教　育　思　潮	徐　南　號	師　範　大　學
比　較　國　民　教　育	雷　國　鼎	師　範　大　學
中　　國　　教　　育　史	胡　美　琦	中　國　文　化　大　學
中　國　國　民　教　育　發展史	司　　琦	政　治　大　學
中　國　現　代　教　育　史	鄭　世　興	師　範　大　學
社　會　教　育　新　論	李　建　興	師　範　大　學
教　育　與　人　生	李　建　興	師　範　大　學
中　　等　　教　　育	司　　琦	政　治　大　學
中　國　體　育　發　展　史	吳　文　忠	師　範　大　學
中　國　大　學　教　育　發展史	伍　振　鷟	師　範　大　學
中　國　職　業　教　育　發展史	周　談　輝	師　範　大　學
中　國　社　會　教　育　發展史	李　建　興	師　範　大　學
技術職業教育行政與視導	張　天　津	師　範　大　學
技職教育測量與評鑑	李　大　偉	師　範　大　學
技術職業教育教學法	陳　昭　雄	師　範　大　學
技術職業教育辭典	楊　朝　祥	師　範　大　學
高科技與技職教育	楊　啟　棟	師　範　大　學
工業職業技術教育	陳　昭　雄	師　範　大　學
職業教育師資培育	周　談　輝	師　範　大　學
技術職業教育理論與實務	楊　朝　祥	師　範　大　學
心　　　　理　　　　學	張春興 楊國樞	師　範　大　學 臺　灣　大　學
心　　　　理　　　　學	劉　安　彥	美國傑克遜州立大學
人　事　心　理　學	黃　天　中	美國奧克拉荷市大學
人　事　心　理　學	傅　肅　良	中　興　大　學
社　會　心　理　學	趙　淑　賢	
社　會　心　理　學	張　華　葆	東　海　大　學
社　會　心　理　學	劉　安　彥	美國傑克遜州立大學

書　　　　名	著作人	任　　　職
考　銓　制　度	傅　肅　良	中　興　大　學
員工考選學	傅　肅　良	中　興　大　學
作　業　研　究	林　照　雄	輔　仁　大　學
作　業　研　究	楊　超　然	臺　灣　大　學
作　業　研　究	劉　一　忠	美國舊金山州立大學
系　統　分　析	陳　　　進	美國聖瑪麗大學
社　會　科　學　概　論	薩　孟　武	前臺灣大學教授
社　　會　　學	龍　冠　海	前臺灣大學教授
社　　會　　學	蔡　文　輝	美國印第安那大學
社　　會　　學	張華葆主編	東　海　大　學
社　會　學　理　論	蔡　文　輝	美國印第安那大學
社　會　學　理　論	陳　秉　璋	政　治　大　學
西　洋　社　會　思　想　史	龍　冠　海 張　承　漢	前臺灣大學教授 臺　灣　大　學
中　國　社　會　思　想　史	張　承　漢	臺　灣　大　學
都市社會學理論與應用	龍　冠　海	前臺灣大學教授
社　　會　　變　　遷	蔡　文　輝	美國印第安那大學
社　會　福　利　行　政	白　秀　雄	政　治　大　學
勞　工　問　題	陳　國　鈞	中　興　大　學
社會政策與社會行政	陳　國　鈞	中　興　大　學
社　　會　　工　　作	白　秀　雄	政　治　大　學
團　　體　　工　　作	林　萬　億	臺　灣　大　學
文　化　人　類　學	陳　國　鈞	中　興　大　學
政　治　社　會　學	陳　秉　璋	政　治　大　學
醫　療　社　會　學	藍采風 廖榮利	印第安那中央大學 臺　灣　大　學
人　口　遷　移	廖　正　宏	臺　灣　大　學
社　區　原　理	蔡　宏　進	臺　灣　大　學
人　口　教　育	孫　得　雄	東　海　大　學
社　　會　　階　　層	張　華　葆	東　海　大　學
社會階層化與社會流動	許　嘉　猷	臺　灣　大　學
普　通　教　學　法	方　炳　林	前師範大學教授
各　國　教　育　制　度	雷　國　鼎	師　範　大　學
教　育　行　政　學	林　文　達	政　治　大　學
教　育　行　政　原　理	黃昆輝主譯	師　範　大　學
教　育　社　會　學	陳　奎　憙	師　範　大　學
教　育　心　理　學	胡　秉　正	政　治　大　學

三民大專用書 (三)

書　　　　名	著作人	任　　職
公 共 政 策 概 論	朱 志 宏	臺 灣 大 學
中 國 社 會 政 治 史	薩 孟 武	前臺灣大學教授
歐 洲 各 國 政 府	張 金 鑑	政 治 大 學
美 國 政 府	張 金 鑑	政 治 大 學
中 美 早 期 外 交 史	李 定 一	政 治 大 學
現 代 西 洋 外 交 史	楊 逢 泰	政 治 大 學
各 國 人 事 制 度	傅 肅 良	中 興 大 學
行 政 學	左 潞 生	前中興大學教授
行 政 學	張 潤 書	政 治 大 學
行 政 學 新 論	張 金 鑑	政 治 大 學
行 政 法	林 紀 東	臺 灣 大 學
行政法之基礎理論	城 仲 模	中 興 大 學
交 通 行 政	劉 承 漢	成 功 大 學
土 地 政 策	王 文 甲	前中興大學教授
行 政 管 理 學	傅 肅 良	中 興 大 學
現 代 管 理 學	龔 平 邦	逢 甲 大 學
現 代 企 業 管 理	龔 平 邦	逢 甲 大 學
現 代 生 產 管 理 學	劉 一 忠	美國舊金山州立大學
生 產 管 理	劉 漢 容	成 功 大 學
品 質 管 理	戴 久 永	交 通 大 學
企 業 政 策	陳 光 華	交 通 大 學
國 際 企 業 論	李 蘭 甫	香 港 中 文 大 學
企 業 管 理	蔣 靜 一	逢 甲 大 學
企 業 管 理	陳 定 國	臺 灣 大 學
企 業 概 論	陳 定 國	臺 灣 大 學
企 業 組 織 與 管 理	盧 宗 漢	中 興 大 學
企 業 組 織 與 管 理	郭 崑 謨	中 興 大 學
組 織 行 為 管 理	龔 平 邦	逢 甲 大 學
行 為 科 學 概 論	龔 平 邦	逢 甲 大 學
組 織 原 理	彭 文 賢	中 興 大 學
管 理 新 論	謝 長 宏	交 通 大 學
管 理 概 論	郭 崑 謨	中 興 大 學
管 理 心 理 學	湯 淑 貞	成 功 大 學
管 理 數 學	謝 志 雄	東 吳 大 學
管 理 個 案 分 析	郭 崑 謨	中 興 大 學
人 事 管 理	傅 肅 良	中 興 大 學

三民大專用書㈠

書　　　名	著　作　人	任　　職
比　較　主　義	張　亞　澐	政　治　大　學
國　父　思　想　新　論	周　世　輔	政　治　大　學
國　父　思　想　要　義	周　世　輔	政　治　大　學
國　父　思　想	周　世　輔	政　治　大　學
國　父　思　想	涂　子　麟	中　山　大　學
中　國　憲　法　論	傅　肅　良	中　興　大　學
中　國　憲　法　新　論	薩　孟　武	前臺灣大學教授
中　華　民　國　憲　法　論	管　　歐	東　吳　大　學
中華民國憲法逐條釋義㈠㈡㈢㈣	林　紀　東	臺　灣　大　學
比　較　憲　法	鄒　文　海	前政治大學教授
比　較　憲　法	曾　繁　康	臺　灣　大　學
美　國　憲　法　與　憲　政	荆　知　仁	政　治　大　學
比　較　監　察　制　度	陶　百　川	前總統府國策顧問
國　家　賠　償　法	劉　春　堂	輔　仁　大　學
中　國　法　制　史	戴　炎　輝	臺　灣　大　學
法　學　緒　論	鄭　玉　波	臺　灣　大　學
法　學　緒　論	孫　致　中	各　大　專　院　校
民　法　概　要	董　世　芳	實　踐　家　專
民　法　概　要	鄭　玉　波	臺　灣　大　學
民　法　總　則	鄭　玉　波	臺　灣　大　學
民　法　物　權	鄭　玉　波	臺　灣　大　學
民　法　債　編　總　論	鄭　玉　波	臺　灣　大　學
民　法　總　則	何　孝　元	前中興大學教授
民　法　債　編　總　論	何　孝　元	前中興大學教授
判　解　民　法　物　權	劉　春　堂	輔　仁　大　學
判　解　民　法　總　則	劉　春　堂	輔　仁　大　學
判　解　民　法　債　篇　通　則	劉　春　堂	輔　仁　大　學
民　法　親　屬　新　論	陳　棋　炎	臺　灣　大　學
民　法　繼　承	陳　棋　炎	臺　灣　大　學
公　　司　　法	鄭　玉　波	臺　灣　大　學
公　司　法　論	柯　芳　枝	臺　灣　大　學
公　司　法　論	梁　宇　賢	中　興　大　學
土　地　法　釋　論	焦　祖　涵	東　吳　大　學
土　地　登　記　之　理　論　與　實　務	焦　祖　涵	東　吳　大　學
票　　據　　法	鄭　玉　波	臺　灣　大　學

三民大專用書 (二)

書　　　　　名	著　作　人	任　　　職
海　　商　　法	鄭　玉　波	臺　灣　大　學
海　商　法　論	梁　宇　賢	中　興　大　學
保　險　法　論	鄭　玉　波	臺　灣　大　學
商　事　法　論	張　國　鍵	臺　灣　大　學
商　事　法　要　論	梁　宇　賢	中　興　大　學
銀　　行　　法	金　桐　林	華銀資訊室主任
合　作　社　法　論	李　錫　勛	政　治　大　學
刑　法　總　論	蔡　墩　銘	臺　灣　大　學
刑　法　各　論	蔡　墩　銘	臺　灣　大　學
刑　法　特　論	林　山　田	政　治　大　學
刑　事　訴　訟　法　論	胡　開　誠	臺　灣　大　學
刑　事　訴　訟　法　論	黃　東　熊	中　興　大　學
刑　事　政　策	張　甘　妹	臺　灣　大　學
民　事　訴　訟　法　釋　義	石　志　泉 楊　建　華	輔　仁　大　學
強　制　執　行　法　實　用	汪　褘　成	前臺灣大學教授
監　獄　學	林　紀　東	臺　灣　大　學
現　代　國　際　法	丘　宏　達	美國馬利蘭大學
現　代　國　際　法　基　本　文　件	丘　宏　達	美國馬利蘭大學
平　時　國　際　法	蘇　義　雄	中　興　大　學
國　際　私　法	劉　甲　一	臺　灣　大　學
國　際　私　法　論　叢	劉　鐵　錚	政　治　大　學
國　際　私　法　新　論	梅　仲　協	前臺灣大學教授
引　渡　之　理　論　與　實　踐	陳　榮　傑	外交部條約司
破　產　法　論	陳　計　男	行政法院庭長
破　　產　　法	陳　榮　宗	臺　灣　大　學
中　國　政　治　思　想　史	薩　孟　武	前臺灣大學教授
西　洋　政　治　思　想　史	薩　孟　武	前臺灣大學教授
西　洋　政　治　思　想　史	張　金　鑑	政　治　大　學
中　國　政　治　制　度　史	張　金　鑑	政　治　大　學
政　治　學	曹　伯　森	陸　軍　官　校
政　治　學	鄒　文　海	前政治大學教授
政　治　學	薩　孟　武	前臺灣大學教授
政　治　學	呂　亞　力	臺　灣　大　學
政　治　學　方　法　論	呂　亞　力	臺　灣　大　學
政　治　學　概　論	張　金　鑑	政　治　大　學
政　治　理　論　與　研　究　方　法	易　君　博	政　治　大　學

國立中央圖書館出版品預行編目資料

國際投資之技術移轉／鍾瑞江著。--
初版。--臺北市：三民，民80
　　　面；　　　公分
含參考書目
ISBN 957-14-1762-9 (平裝)

1.技術移轉　　2.投資

555　　　　　　　　　　　　79001292

© 國際投資之技術移轉

著　　者　鍾瑞江
發行人　劉振強
出版者　三民書局股份有限公司
印刷所　三民書局股份有限公司
　　　　地址／臺北市重慶南路一段六十一號
　　　　郵撥／〇〇〇九九九八一五號
初　版　中華民國八十年一月
編　號　S 56184
基本定價　肆元肆角肆分
行政院新聞局登記證局版臺業字第〇二〇〇號

ISBN 957-14-1762-9 (平裝)